최고의 나를 이끌어내는 리미티드 에디션 실행법 22

나는 날마다 최고의 나를 만난다

최고의 나를 이끌어내는 리미티드 에디션 실행법 22

나는 날마다 최고의 나를 만난다

초판 1쇄 인쇄 2024년 12월 16일
초판 1쇄 발행 2024년 12월 31일

지은이 이하율

발행인 백유미 조영석

발행처 (주)라온아시아
주소 서울특별시 서초구 방배로 180 스파크플러스 3F

등록 2016년 7월 5일 제 2016-000141호
전화 070-7600-8230　　**팩스** 070-4754-2473

값 19,500원
ISBN 979-11-6958-136-3 (13190)

라온북은 독자 여러분의 소중한 원고를 기다리고 있습니다. (raonbook@raonasia.co.kr)

────── 최고의 나를 이끌어내는 리미티드 에디션 실행법 22 ──────

나는 날마다
최고의 나를 만난다

이하울 지음

"2030, 나만의 리미티드 에디션을 찾아라"

유리 멘탈을 강철 멘탈로, 약점을 강점으로,
변화에 대한 두려움을 설렘으로 바꾸는 가장 나다운 원포인트업 성장 가이드!

자기계발 대가
마인드파워스쿨
조성희 대표
추천

자기계발 엔토
김새해 작가
추천

Khaled AR
Hassan
주한 이집트대사
추천

RAON
BOOK

RAON
BOOK

추 천 사

"내 인생도 리미티드 에디션으로 빛날 수 있을까?"

그 해답은 이 책 속에 담겨 있다. 이하율 작가는 매일의 작은 노력들이 어떻게 거대한 변화로 이어질 수 있는지를 자신의 경험을 통해 생생하게 보여준다. 진정한 자신을 발견하고, 매 순간을 최고의 나로 살아가고자 하는 모든 이들에게 이 책은 새로운 시작이자 강렬한 동기가 될 것이다.

'수많은 그럼에도 불구하고' 용기 있게 스스로를 변화시킨 사람의 글은 늘 특별한 힘을 갖는다. 이 책에서 제시하는 방법들을 실행한다면, 이전과는 완전히 다른 당신만의 빛나는 삶이 펼쳐질 것이다.

- **조성희**
마인드파워 스쿨 대표
밥 프록터 한국 유일 비즈니스 파트너

"정말 만족할 수 있는 유일한 방법은, 당신이 위대한 일이라고 믿는 일을 하는 것입니다. 만약 그렇지 않다면, 계속 찾으세요. 그 일을 찾을 때까지 멈추지 마세요."

스티브 잡스의 말이 이 책 속에서 생생하게 살아 숨 쉽니다. 작가는 자신이 믿는 길을 끝까지 찾아 나가며, 그 과정에서 겪은 도전과 성장의 이야기를 진솔하게 담아냈습니다. 그 길은 결코 쉽지 않지만, 그 길에서 마주하는 성장과 변화는 우리가 상상하는 것 그 이상입니다.

수많은 도전과 경험을 통해 자신만의 길을 찾아낸 저자의 이야기를 따라가다 보면, '길을 아는 자는 걸어가는 자'라는 진리를 실감하게 됩니다. 그 길을 찾는 과정은 어렵고 때로는 두려움이 따르기도 하지만, 결국 자신만의 길을 걸어가는 것만이 진정한 삶의 의미임을 깨닫게 됩니다.

이 책은 단순히 자기 발견의 여정을 넘어, 각자가 가진 고유한 가치를 깨닫고 새로운 가능성으로 나아갈 용기를 불러일으킵니다. 저자의 진솔한 이야기를 통해, 당신도 자신만의 길을 향해 첫 발을 내디딜 용기와 희망을 발견하게 될 것입니다. 이 책은 바로 그 길을 향해 나아갈 수 있도록 이끄는 좋은 나침반이 되어줄 것입니다.

- 김새해
《오늘부터 성장할 나에게》 작가

Dear Ms. Hayul Lee,

Life is a journey, not a competition! I'm thrilled you have realized this early in life. I'm so happy and thrilled that your trip to Egypt has contributed in your learning journey and in discovering yourself more and have that inner peace.

I strongly believe that this mature and deep vision is a significant milestone for you. This is typically a moment of awareness when one starts to see things differently and begins to make important decisions about their future.

Other positive things that I can clearly see in your book include greater independence, self-confidence, and increased interest in learning. I suggest you mark this as the beginning of a new stage in your life.

You are a part of a great big generation, and from where I am, I believe your generation has so much to offer the world, however, with the awareness I have clearly seen you developing as I read your book, and with the realization that 'Life is a Journey, not a competition' I strongly believe you can affect change, make a difference in the world, and most importantly achieve happiness and inner peace!

With the clear mind and awareness demonstrated in your writings, I'm personally truly excited to watch you grow and learn, and can't wait to see all the amazing things you'll achieve.

You are smart, talented, and you are beautiful inside and out, You are loved, and you matter, and that is never going to change.

So proud of you!

Please always be full of energy and happiness. You're an amazing role model for your friends.

친애하는 이하율 님,

인생은 경쟁이 아닌 여정입니다! 당신이 인생의 이른 시점에 이를 깨달았다는 사실에 매우 기쁩니다. 이집트 여행이 당신의 학습 여정에 기여하고, 자신을 더 발견하며 내면의 평화를 찾는 데 도움이 되었다니 정말 행복합니다.

이 성숙하고 깊은 비전은 당신에게 중요한 이정표라고 강하게 믿습니다. 이는 일반적으로 사람이 사물을 다르게 보기 시작하고 미래에 대한 중요한 결정을 내리기 시작하는 인식의 순간입니다.

당신의 책에서 분명히 볼 수 있는 다른 긍정적인 점들은 더 큰 독립성, 자신감, 그리고 학습에 대한 관심 증가입니다. 이것을 당신 인생의 새로운 단계의 시작으로 삼기를 제안합니다.

당신은 위대한 세대의 일원이며, 제가 보기에는 당신 세대가 세상에 많은 것을 제공할 수 있다고 믿습니다. 그러나 당신의 책을 읽으면서 분명히 발전해 온 인식과 '인생은 여정이지 경쟁이 아니다'라는 깨달음을 통해, 당신이 변화를 일으키고 세상에 차이를 만들 수 있으며, 가장 중요한 것은 행복과 내면의 평화를 이룰 수 있다고 강하게 믿습니다!

당신의 글에서 보여준 명확한 사고와 인식으로 인해, 저는 개인적으로 당신이 성장하고 배우는 모습을 지켜보는 것이 정말 기대됩니다. 당신이 이룰 모든 놀라운 일들을 기다릴 수 없습니다.

당신은 똑똑하고, 재능이 있으며, 내면과 외면 모두 아름답습니다. 당신은 사랑받고 있으며, 당신은 소중한 존재입니다. 이것은 결코 변하지 않을 것입니다.

당신이 자랑스럽습니다! 항상 에너지와 행복으로 가득 차 있기를 바랍니다. 당신은 친구들에게 놀라운 롤모델입니다.

- Khaled AR Hassan
주한 이집트 대사

지금까지 사람이 해오던 일과 직업을 인공지능(AI)이 대체하는 4차 산업혁명시대를 맞아 세상이 급격하게 변하고 있다. 4차 산업혁명 기술이 지금까지 당신이 하고 있는 일과 직업을 갈수록 빠르게 빼앗아 가고 있다. 어느 날 갑자기 당신을 실업자로, 인생 실패자로 만들어 버릴 수 있는 생존을 위협하는 시대가 도래하고 있는 것이다.

기업들과 각 분야의 CEO들은 생존을 위해 4차 산업혁명 기술이 갖추지 못한 희소한 능력과 가치를 지닌 새로운 인재를 간절히 원하고 있다. 당신은 어떻게 할 것인가?

이 책은 인공지능을 비롯한 4차 산업혁명 기술로도 대체 불가한 자기만의 독특하고 희소한 가치와 능력을 찾아 존중하고 개발하여 격변기에 생존함은 물론, 더 나아가 4차 산업혁명 시대를 주도하는 구체적인 방법을 제시하고 있다. 저자 몸소 열정적인 삶을 통한 자기만의 리미티드 에디션 개발 스토리는 독자들에게 깊은 공감과 함께 희망과 용기의 용광로가 될 것이다.

이 책의 저자 이하율 님은 내가 운영하고 있는 국제심리연구원에서 세계적인 심리 프로그램인 'NLP(Neuro Linguistic Programming : 신경언어프로그래밍)'와 '심리최면'을 공부하였다.

NLP는 자기계발과 성공학으로 세계적인 명성을 자랑하며, 오늘날 수많은 자기계발서의 근본 바탕이 되고 있다. 심리최면은 의식보다 엄청나게 강력하고 빠른 무의식을 활용하여 인간을 근본적으로 변화시켜, 보다 빠르게 강하게 행복과 성공의 길로 이끄는 본질적인 최면이다. 영화나 TV 오락 프로그램에서 사람의 정신을 나가게 하여(?) 웃음과 놀라운 장면을 연출하는 '쇼 최면'이 아니다.

심리최면은 미국심리학회에서 심리문제 해결과 긍정적 변화, 잠재능력을 개발하는 심리학의 한 분야로 공인하고 있으며, 현대의학으로 치유가 어려운 심각한 심인성 질환을 치유하는 대체의학으로 미국의학협회에서 공인하고 있기도 하다. 이 책에는 NLP와 심리최면의 원리와 방법이 많이 들어있기 때문에 그대로 실천하면 당신이 원하는 결과를 더욱 빠르고 효과적으로 얻을 수 있을 것이다.

청년 실업자 25만 명 시대! 4차 산업혁명은 갈수록 실업자를 대량으로 양산하게 되어 있다. 사회에 나와 처음부터 취업이 안 되는 사람들이 갈수록 늘어나고 있을 뿐만 아니라, 현재 직장이 있고 직업을 갖고 있는 사람들은 언제 퇴출당할지 모르는 불안과 걱정이 더욱 심각해지고 있다. 아무런 준비 없이 가만히 앉아서 당하고만 있을 것인가!

더욱 행복하고, 더욱 성공적인 인생을 원하는 당신! 반드시 이 책을 읽고, 그 누구도 갖지 못한 당신만의 독특하고 희소한 리미티드 에디션을 찾아 개발하라! 당신의 인생이 당신이 원하는 인생으로 바뀔 것이다. 당신의 미래가 당신에게 감사할 것이다.

"일체유심조(一切唯心造)"라는 말이 있듯이 세상만사 마음먹기에 달렸다. 절실한 마음으로, 열정을 갖고 꾸준히 실천하라! 하면 된다! 당신도 할 수 있다!

- 구만호
국제공인 NLP & 심리최면 트레이너

책을 읽으며 '청춘들을 위한 필독서'라는 생각이 강하게 들었다.

이 책의 저자는 내가 본 사람 중에 가장 마음이 건강하고 도전정신이 강하여, 평소에도 너무 존경하는 사람이다.

그 '자존감의 원천'을 이 책을 통해 깨닫고 당장 나도 여러 방면에 적용하고 싶은 마음이 들었다. 앞으로 많은 청춘들이 이 책을 읽고 새로운 삶을 살거라 믿어 의심치 않는다.

이 책의 내용을 흡수만 한다면 누구나 원하는 바를 모두 이루면서 살아갈 것이다.

- 장원준
장가 컴퍼니 마케팅CEO

Prologue

"스스로를 리미티드 에디션이라고 정의 내려보자.
그러면 인생도 180도로 바뀔 것이다."

　'몇 년간 고생해서 졸업했는데, 청년 실업자가 25만이라는데…, 나도 취업이 안 되면 어떡하지?'

　이런 걱정과 불안은 20대 청년들이 공통적으로 느끼는 감정이다. 코로나19 팬데믹 이후, 우리는 4차 산업혁명이라는 새로운 시대의 문턱에 서 있다. 이는 단순한 기술의 발전을 넘어 우리의 삶과 일하는 방식, 그리고 직업의 본질까지 송두리째 바꾸고 있다. 빅데이터, 인공지능(AI), 로봇 기술의 발전은 많은 직업을 대체하고 있으며, 기업들은 이제 기계보다 더 희소한 가치를 지닌 인재를 찾기 위해 치열한 경쟁을 벌이고 있다. 이러한 시대적 흐름 속에서, 우리 젊은이들은 과연 어떤 길을 걸어야 할까?

　어떤 일이든 시작하기 전에는 기가 살아있어야 한다. 하지만 과연 우리나라에서 기를 펴고 원하는 일에 도전하는 사람이 얼마나 될까? 우리는 모두 초등학교 시절의 순수한 열정을 기억한다. 체육대회에서의 하이라이트 줄다리기. 청팀과 백팀, 각자의 팀을 응원하는 함성에 힘입어, 뒤로 눕고 얼굴까지 벌겋게 달아오를 정도로 안간힘을 썼던 그 순간들. 패배하더라도 최선을 다했기에 그 순간은 가슴에 남는다. 그러나 시간이 지나면서 그 패기는 사라지고, '실수하면 어떡하지?'라는 두려움이 우리를 가로막는다. 대학교에 들어가면 모든 것이 달라질 것 같았지만, 중·고등학교의 연장선처럼 느껴진다.

그러나 사람은 마음먹기에 따라 인생의 전환점을 만들 수 있다. 대학교 2학년 중간고사 하루 전, 혼자 도서관에서 우연히 읽게 된 한 권의 책은 나에게 새로운 가능성을 열어주었다. 책 속의 주인공처럼 나도 세계에서 마음껏 꿈을 펼치기로 결심했다. "밑져야 본전"이라는 말처럼 두렵지만 용기를 낸 덕분에 내 인생의 방향은 그때부터 180도 바뀌었다.

혼자 국내여행도 못 다녔던 내가 100일간 17개국 53개 도시를 여행하게 되었다. 이집트, 두바이, 알래스카, 터키, 호주, 캐나다, 유럽, 미국 등 다양한 도시를 다니며, 수많은 사람들이 살아가는 다채로운 삶을 엿보며 더 이상 가능성을 스스로 한계짓지 말자고 다짐했다.

고소공포증 극복을 위해 해발 3,500m에서 스카이다이빙에 도전하고, 강철 체력을 만들기 위해 철인삼종경기와 몸짱 피트니스 대회, 혹한기 맨몸 마라톤에 도전했다. 외모 콤플렉스를 극복하기 위해 미인대회에 도전했고, 그 결과 'Miss Eco International' 세계미인대회에 한국 대표로 참가하는 기회를 얻게 되었다.

그 외에도 사람들에게 긍정적인 마인드의 중요성을 전하고자 라디오 DJ, 자기계발 유튜버, 실시간 방송 MC까지 도전하며 흥미로운 인생 이야기를 써 내려갔다. 남들이 보기에는 "사서 고생이다"라고 할지라도, '20대는 경험을 저축하는 시기'라고 믿으며 10년간 22번의 대회 참가, 19개의 자격증 획득, 15개의 직업 체험, 책 2,000권의 읽기 등을 통해 나만의 희소한 가치를 만들어 나갔다.

사람마다 가진 재능은 다르다. 나는 도전을 통해 나의 재능이 '간절함과 끈기'라는 사실을 깨달았고, 이를 바탕으로 다양한 스토리를 만들어 나갔다.

> "스스로를 리미티드 에디션이라고 정의 내려보자. 그러면 인생도 180도로 바뀔 것이다."

이 책을 읽는 당신에게도 스스로의 가능성을 펼칠 기회를 주고 싶다. 어른이 되면 초등학교 체육대회 날 나를 응원하던 함성과 박수소리가 점점 사라진다. 심지어 자신조차 나의 응원군이 되어주지 못하는 경우가 많다. 그러나 4차 산업혁명 시대에도 살아남을 수 있는 사람은 바로 '자신의 가치를 스스로 믿는 사람'이다. '될 수 있는 최고의 나'로 거듭나기 위해 초등학교 시절의 순수한 열정으로 마음을 리셋하라. 그리고 주어진 이 순간을 활용해 자신만의 차별화된 가치를 만들자. 우리는 모두 나의 인생의 유일한 주인공이다. 과거의 경험이나 한계에 얽매이지 말고,

끊임없이 나를 갈고 닦아, 세상에 자신의 가치를 빛내며 살아가길 바란다. 이 책을 넘기며, 날마다 새로운 배움과 경험을 추구하는 리미티드 에디션 인재로 거듭날 당신을 진심으로 응원한다.

또한 다양한 도전을 할 때마다 누구보다 걱정이 많았지만, 묵묵히 응원해준 한 사람, 나의 엄마. 이 세상에 나를 태어나게 해주신 분이자, 세상 경험을 할 수 있도록 용기를 북돋아 준 엄마 덕분에 나는 이 책을 완성할 수 있었다. 반백 년을 사셨지만, 늦깎이 공부를 시작하며 주경야독한 결과, 이제는 학생들을 가르치는 선생님이 되셨다. 늘 성실하게 배우고, 새로운 일에 도전하시는 모습을 보는 것만으로도 나에게 좋은 영감이 되었다.

엄마는 "인간답게 살아라"라는 짧고도 강력한 말씀을 해주셨고, 이는 단순한 조언이 아닌 내가 삶을 살고, 도전하는 데 있어 가장 중요한 원칙이 되었다. 어떤 어려움이 와도, 포기하지 않고 내 길을 꿋꿋하게 걸어갈 수 있도록 지금의 나를 만들어 주신 부모님께 진심 어린 감사의 말을 전하고 싶다.

이하율

차 례

추 천 사 •4

프롤로그 "스스로를 리미티드 에디션이라고 정의 내려보자.
그러면 인생도 180도로 바뀔 것이다." •12

Part.1

왜? 나만의 리미티드 에디션을 추구해야 하는가?

나만이 가진 무한한 잠재력을 깨워라 •23

자신을 객관적으로 바라보는 메타인지적 관점을 키우자 •28

결핍은 성장의 도구, 최고의 나로 업그레이드시킨다 •38

시행착오를 실패로 규정짓지 않게 한다 •46

학연, 지연을 뛰어넘는 힘을 갖추자 •56

단기적인 작은 이익이 아닌 장기적인 큰 이익을 꿈꾼다 •63

혼자여도 충분히 괜찮고, 함께 있으면 더욱 좋음을 만드는 힘 •67

하루를 2배 이상 늘려, 알차게 사용하는 방법을 배우기 •76

도전하는 자신을 긍정적으로 바라보는 자기 응원력 UP! •82

사람을 끌어당기는 나만의 매력을 키우는 방법을 배운다 •89

PART.2

리미티드 에디션, 바로 그 사람!

공근식 박사 : 수박 농사꾼, 물리학 박사가 되다!　　　　　• 99

장원준 대표 : 욕심을 버리든가, 욕심만큼 뛰든가!　　　　　• 103

드로우 앤드류 : 나의 무대는 내 손으로 직접 만든다!　　　　• 106

PART. 3

리미티드 에디션 실행하기

Chapter.1 변화에 대한 두려움을 설렘으로 바꾸는 방법

삶의 끝점에서 생각하기 : '임종체험'   • 115
미쳐야 나를 이기는 내가 된다!   • 122
어린아이 같은 동심, 상상력 키우기   • 130

Chapter.2 긍정적인 자아 이미지 만들기

진정한 자존감 찾기   • 141
약점이 아닌, 장점을 칭찬하기   • 151
강점을 키우는 노력을 꾸준히 하기   • 160
긍정적인 피드백 수용하기   • 169
도전하는 과정을 담은 성장일기   • 177

Chapter. 3 유리 멘탈을 강철 멘탈로 바꾸는 비결

극한의 상황에서 느끼는 감정을 수용하라   • 187
장애물이 아닌, 해결책에만 집중하라   • 193
발목 잡는 나쁜 습관을 끊어내라   • 199

Chapter. 4 사람을 끌어당기는 매력적인 존재가 되는 방법

그 사람의 인기 요인을 벤치마킹하라   • 209
타인을 헤아리는 것이 최고의 지혜다   • 215
멀리 보는 사람은 남들이 꺼리는 일을 기꺼이 한다   • 223

Chapter. 5 탱탱볼 같은 회복탄력성을 키우는 방법

미뤄둔 일? 당신의 성장의 시작은 바로 거기다 · 231

삶의 가치를 풍요롭게 하는 원데이 클래스 · 237

나만의 무한 긍정 에너지 배터리, 가족 · 242

성공의 원체험을 시련 극복의 원동력으로 삼아라 · 247

타인과 나누는 기쁨을 느껴라 · 252

Chapter. 6 최고의 나를 이끌어내는 방법

받은 것은 그 이상으로 돌려주려는 태도 · 259

24시간 몰입의 힘 · 266

5년 후 나의 미래의 모습을 떠올려라 · 273

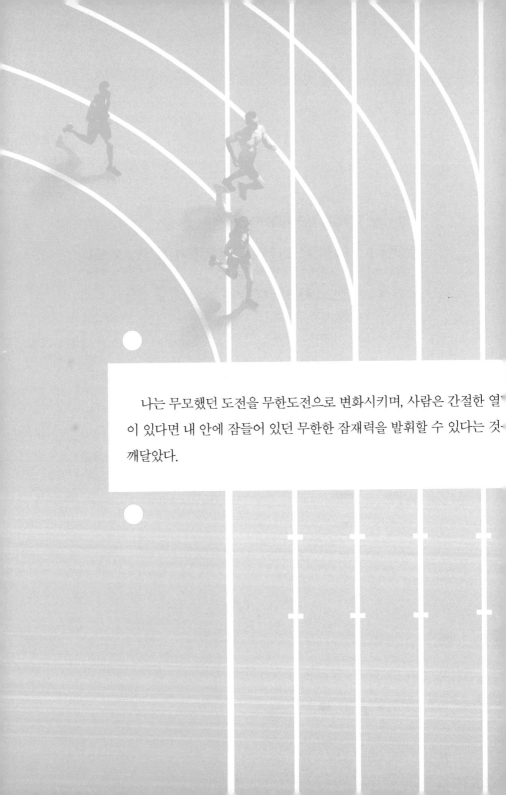

나는 무모했던 도전을 무한도전으로 변화시키며, 사람은 간절한 열
이 있다면 내 안에 잠들어 있던 무한한 잠재력을 발휘할 수 있다는 것
깨달았다.

Part.1

왜? 나만의 리미티드 에디션을
추구해야 하는가?

1. 나만이 가진 무한한 잠재력을 깨워라 • 23

2. 자신을 객관적으로 바라보는 메타인지적 관점을 키우자 • 28

3. 결핍은 성장의 도구, 최고의 나로 업그레이드시킨다 • 38

4. 시행착오를 실패로 규정짓지 않게 한다 • 46

5. 학연, 지연을 뛰어넘는 힘을 갖추자 • 56

6. 단기적인 작은 이익이 아닌 장기적인 큰 이익을 꿈꾼다 • 63

7. 혼자여도 충분히 괜찮고, 함께 있으면 더욱 좋음을 만드는 힘 • 67

8. 하루를 2배 이상 늘려, 알차게 사용하는 방법을 배우기 • 76

9. 도전하는 자신을 긍정적으로 바라보는 자기 응원력 UP! • 82

10. 사람을 끌어당기는 나만의 매력을 키우는 방법을 배운다 • 89

나만이 가진
무한한 잠재력을 깨워라

우연히 인터넷에서 한 영상을 보게 되었다. 한눈에 봐도 기상천외한 장애물을 뛰어넘는 철인삼종경기였다. 그 대회의 이름은 '스파르탄 레이스'. 이름처럼 용맹한 스파르탄 레이스의 참가자들은 어떤 장애물을 만나도 기죽지 않고 돌진했다. 그들을 보며 내 가슴도 두근거린다. 만약 스파르탄처럼 나도 무적의 용기를 가진다면 어떨까? 앞으로 살면서 어떠한 장애물을 만나도 스스로를 지킬 수 있을 것이란 생각이 들었다.

그러나 아무리 봐도 그들과 나 사이의 간극은 한없이 멀어 보였다. 나의 현실은 학창시절 늘 달리기 하위권, 게다가 운동을 제대로 해본 적도 없었다. 하지만 스파르탄이 되고자 하는 나의 열망은 강렬했다. 매일 그 스파르탄들의 영상을 찾아보며 그들과 함께 달리고 있는 내 모습을 꿈꿨다. 내면에는 불타오르는 열망은 "그 기회를 반드시 잡아야 해!"라고 소리쳤다. 결국, 나는 대회 참가신청서를 쓰고, 20만 원이나 되는 거금의 참가비용까지 보냈다. 그때 내 귓가에는 "자, 이제 시작이야~. 내 꿈을~ 내 꿈을 위한 여행 피카츄!"라는 포켓몬스터 주제곡이 울려 퍼졌다. 그리고 이젠 죽기 살기로 도전해 보리라 결심했다.

무모한 도전이 한계 없는 나를 만든다

내가 가장 먼저 한 일은 나보다 먼저 그 일을 도전한 사람들의 이야기를 듣는 것이었다. 무작정 시작하는 것보다 정보를 조사하며, 앞으로 내가 걸어갈 길을 미리 떠올리면, 막연함에서 찾아오는 불안감을 줄일 수 있다. 어떻게 준비했는지 후기를 샅샅이 찾아, 정보를 수집했고, 추천한 운동 중 나에게 효과적일 것 같은 운동을 리스트업했다.

곧바로 학원에 등록했고, 나의 하루 운동 루틴을 짰다. 남은 시간은 100일. 이 시간 만큼은 내가 진천선수촌의 선수가 되었다고 생각하며, 스스로를 단련하기로 했다. 일과의 시작은 새벽 5시, 눈을 뜨자마자 찬물 세수를 했다. 해가 뜨기 전 동네 뒷산으로 가서 3시간 동안 등산을 했다. 내려오자마자 곧바로 헬스장에 간다. 그룹 PT를 받고, 런닝머신을 1시간 달렸다. 그리고 줌바댄스를 갔다. "철인삼종경기에 왠 줌바댄스야?"라고 말할 수도 있지만 매일 반복된 일정 속에 흥 많은 나의 숨 돌리기 창구였다. 신나는 라틴음악에 맞춰 댄스 타임이 끝나면, 바로 복싱과 클라이밍 수업 플라잉 요가를 갔다.

내가 줄줄이 소시지처럼 수업을 들었던 이유가 있다. 스파르탄 레이스는 이름처럼 기상천외한 장애물들이 많다. 마치 영화 실미도에 나올법한 철조망 기어가기부터 시작해 흙탕물 잠수, 피라미드처럼 높은 정글짐 타고 오르기, 벽돌 나르기, 무거운 타이어 끌기 등 강한 체력은 기본이요, 근력과 민첩성이 고루 필요한 경기였다. 경기장엔 늘 구급차가 상시 대기할 정도라 제대로 훈련하지 않으면 위험하기도 하다. 그래서 겁이 많은 나는 '다치지 말고, 안전하게 완주하자'라는 마음으로 더욱 철저하게 준비했다. 땀이 줄줄 흐르는 무더운 날씨에도, 운동을 했고, 비가 억수로 쏟아지는 날에도 어김없이 우산을 들고 등산했다. 무모한 도전이었기에 무모한 내가 되어야 한다고 생각했다.

===== 정말 버티기 어려울 때, 하나 더! 끝까지 해내는 힘

어느덧 100일이 지난 후 나는 스파르탄 대회의 출발선에 서 있었다. 영상 속에서 본 것처럼 검은색 옷을 입은 덩치 큰 스파르탄들이 수백 명 모여 있었다. 그중 햇병아리 같은 노란색 옷을 입은 사람은 내가 유일했다. 출발 전, 우리는 함께 스파르탄의 구호를 외쳤다.

"아우, 아우, 아우, 위아 스파르탄"

수백 명이 목이 터져라 외치니, 온몸에는 전율이 흘렀다. 이윽고 출발 총성이 들리자 "두두두두" 소리를 내며 일제히 한 곳을 향해 달려나갔다. 마음속으로 "나는 강한 스파르탄이다, 반드시 해낸다"를 외쳤다. 그럴수록 나의 눈빛도 이글이글 타올랐다.

그러나 대회는 예상대로 호락호락 하지 않았다. 영상 속에만 보던 장애물을 실제로 마주하고 보니 그 규모는 더욱 거대했고, 난이도는 훨씬 어려웠다. 그중에서도 가장 어려웠던 것은 내 신체적 한계를 뛰어넘어야 하는 장애물이었다. 160cm가량 되는 나의 키에 거의 3배 가까이 되는 벽을 한 번에 뛰어넘어야 한다. 다른 스파르탄들은 두세 번 만에 훌쩍 뛰어넘었지만, 나에게 그 장애물은 함락되지 않는 철옹성처럼 단단했다. 어느덧 서른 번째, 점프를 했지만 나는 그 벽을 넘을 수 없었다. 그러나 나는 포기하고 싶지 않았다. 무식하게 벽을 향해 돌진하고, 부딪히고 넘어지기를 반복했다. 입고 있던 옷의 무릎 부분이 찢어지면서 피가 났고 피를 보니 괜히 마음이 울컥했다. 다리를 절뚝이면서 또다시 점프를 하려던 순간, 한 천사 같은 요원이 나에게 다가왔다. 그리고 이를 극복할 수 있는 팁을 툭 던져주고 떠났다.

　　"자, 다른 스파르탄을 잘 관찰해보세요. 모든 것엔 다 요령이 있거든요!"

　　아무리 어려운 장애물이라도 뛰어넘을 방법은 있었다. 그제서야 나는 다른 사람들을 관찰했다. 그 사람들이 장애물을 넘는데 공통적으로 사용한 방법을 통해 나는 기적적으로 그 장애물을 뛰어넘을 수 있었다. 그 순간 주변에 있던 스파르탄들이 나에게 열렬히 박수를 쳐주었다.

　　"멋져요!"

　　"스파르탄 파이팅!"

　　처음 본 누군가가 나를 위해 응원을 해주니 힘이 났다. 나는 다시 젖먹던 힘으로 달려나갔다. 어려운 장애물을 뛰어넘고 나니 비교적 다른 것들은 쉽게 느껴졌다. 마지막으로 스파르탄 레이스의 화룡점정, 숯불 뛰어넘기까지 모두 뛰어넘고 나서야 무사히 나의 도전은 마무리될 수 있었다.

100일간의 무한 도전, 그 결과는 여자 참가자 중 1등!

과연 결과는 어땠을까? 나는 전체 참가자 300여 명 중 17등. 그리고 여자 참가자들 사이에서 1등을 했다. 물론 전체 1등은 아닐지라도 100일 전의 나를 떠올리면 정말 기적 같은 결과였다.

대회를 치르고 온 나에게 주변에선 호기심을 갖는 사람이 많았다.

"겉보기와는 다르다", "대단하다", "나도 해볼까?" 등 나의 무모했던 도전에 대해 용기 있다고 말했다. 걱정했던 엄마는 고생이 많았다며 나를 꼭 안아주셨다. 그리고 그런 도전 정신과 끈기면 앞으로 무엇이든 해낼 수 있다며 그동안 해온 노력에 대한 칭찬을 해주셨다. 나는 무모했던 도전을 무한도전으로 변화시키며, 사람은 간절한 열망이 있다면 내 안에 잠들어 있던 무한한 잠재력을 발휘할 수 있다는 것을 깨달았다.

자신을 객관적으로 바라보는
메타인지적 관점을 키우자

'숨겨진 매력을 찾아서!'
9년간의 미인대회 도전기

나는 학창시절 별명 부자였다. 호빵맨, 찐빵맨, 똥글이, 보름달, 굴렁쇠, 동그란 뺑튀기 등 동글한 외모와 푸근한 이미지에 관련된 별명만 10가지가 넘는다. 물론 그런 장난에는 넉살 좋게 허허 웃었지만, 사실 나는 내 별명이 마음에 들지 않았다. 텔레비전에 나오는 탤런트들은 깡마른 체형에 브이라인 얼굴형을 가졌고, 나는 그와 정반대인 사람이었다. 흔히 요즘 말하는 미인상과 거리가 아주 멀다. 나는 어느새 다른 사람들이 말하는 미의 기준으로 스스로를 재단하며 부족하다는 생각을 하게 되었다.

그러나 그러한 생각이 그리 큰 문제가 되지 않을 거라 여긴 것이 진짜 문제였다. 시간이 흘러 나는 대학생이 되었고 급격하게 살이 쪘다. 일과를 마치고 집에 오면 공허했다. 밤 12시, 공허한 마음을 채우려 야식으로 좋아하는 곰보빵을 흡입했다. 덕분에 3개월 만에 나는 12kg이 찌고 말았다. 한 동기는 살이 찐 나를 보며, 장난스럽게 말을 툭 내뱉었다.

"동글동글~ 굴려도 되겠네~"

물론 살이 찌기 전에도 나의 외모에 대해 만족해 본 적은 없었지만, 살이 찐 후 이제 나는 거울을 볼 때마다 거의 독설가 수준으로 나를 비판하고 있었다.

'이 처진 볼살 꼴도 보기 싫어! 옆구리 살은 또 왜 이렇게 찐 거야? 튜브인가? 예쁜 구석이 정말 하나도 없네.'

하지만 그 가시 같은 말들로 나를 찌를수록 점점 위축될 뿐이었다. 불어난 살을 감추기 위해 매일 검은 색옷만 골라 입었고, 사진을 찍을 때도 늘 구석 자리로 향했다, 집 밖에 나가는 것도 귀찮고, 점점 꺼려졌다. 분명한 건 이런 나에게 전환점이 필요하다는 사실이다.

그때 나는 역발상을 해보았다.

'만약 내가 미인대회에 참가해 보면 어떻게 될까?'

물론 이 말을 누군가 들었다면 '야! 웃기시네! 네가?' 하며 불가능하다고 생각할지도 모른다. 그러나 뛰어난 외모의 사람들 속에 내던져지면? 나는 오히려 어떻게서든 살아남기 위해 노력하게 될 것이다. 동화 속 신데렐라의 공주가 되는 마법은 나에게 없지만, '어제보단 좀 더 나은 오늘의 내가 되어보자'라는 마음으로 새로운 도전을 시작했다.

인터넷에서 내가 참가할 만한 미인대회를 찾았고, 〈미스춘향대회〉에 참가해보기로 결심했다. 현대적인 미인상을 추구하는 미스코리아 대회보다 나와 같이 둥근 얼굴형을 가진 사람들이 참가하는 〈미스춘향대회〉가 좀 더 나와 잘 맞을 것 같았다. 곧바로 참가신청서를 작성하고, '동글이의 미인대회 대작전'을 펼쳤다.

═══════ 새로운 내가 되려면, 과거와는 다른 행동을 선택하라!

가장 시급한 문제는 다이어트였다. 그동안 허전한 마음을 채우기 위해 먹던 밀가루 음식, 과자와 빵, 야식 습관은 점점 나를 갉아먹고 있었다. 다음날이 되면 속도 좋지 않고 후회를 하게 된다. 이 일이 반복될수록 스스로 통제력을 잃었다는 사실에 무기력해졌다. 몸이 무거워지니 사람이 게을러진다. 점점 예전에 입던 옷들은 작아지고, 자신감도 사라진다. 더이상 나를 이렇게 방치할 수 없다. 그래서 필사즉생, 죽기 살기로 다이어트 작전에 돌입했다.

'3달간 12kg 감량'

구체적인 목표와 달성기한을 정했다 매일 습관처럼 사 먹는 습관을 끊기 위해 체크카드는 없애고, 현금만 사용했다. 편의점 대신 마트에 갔고, 밀가루 대신 신선식품인 두부, 채소, 과일 등을 조리해서 먹었다. 밤 12시 달콤한 곰보빵의 유혹을 피하기 위해 방울토마토와 오이를 씹으며, 이를 악물고 물리쳤다. 매일 1만 보 이상 걷기를 목표로 가까운 거리는 무조건 걸어 다녔다.

덕분에 3달 뒤 나는 목표체중에 도달할 수 있게 되었다.

할 수 없는 이유가 아닌, 해낼 수 있는 방법을 찾아라

스스로에게 질문했다.

'어떻게 하면 미인대회에서 경쟁력을 갖출 수 있을까?'

약점보단 나의 장점에 집중했다. 처음엔 내 장점이 뭐가 있는지 잘 생각나지 않았다. 그래서 살면서 들었던 칭찬들 중에서 생각해 보았다. "웃는 모습이 보기 좋다"라는 말들이 떠올랐다. 소소하게 보일지라도 절실한 나에게는 마치 희망의 메시지 같았다. 나는 그 점에 집중했다. 장점을 강점으로 만들기 위해 노력하기 시작한다. 매일 아침, 일어나자마자 스마일 연습을 한다.

"김치~, 치즈~, 스마일~, 개구리 뒷다리~"

아무리 꼬질꼬질한 얼굴이라도 거울을 보며 활짝 웃는다. 끝나고 나면 스스로에게 칭찬을 해준다.

"오늘도 나와의 약속을 지켰어, 멋져~"

"넌 웃을 때 넌 가장 빛이 나!"

"어제보다 오늘은 조금 더 좋아 보이네!"

일부러 나에게 칭찬했다. 처음엔 어색했지만 날이 갈수록 이 시간이 기다려졌다. 주변의 반응도 점차 달라졌다.

"요즘 좋은 일이 있나봐."

"얼굴이 밝아졌어"

처음 만난 사람들에게도 인상이 좋다는 말을 듣게 되었다. 그저 웃었을 뿐인데 기분 좋은 칭찬이 나를 더욱 희망적으로 만들

었다.

다음으로 준비했던 것은 미인대회 필수 관문인 자기소개였다. 처음에는 나를 어필할 만한 뾰족한 무언가가 없었다. 그래서 나의 장점인 빠른 언어습득 능력을 사용해 보기로 했다. 그동안 배운 일본어, 영어, 그리고 중국어까지 추가해 4개국어로 나를 소개하기로 했다. 예전엔 그렇게 엄마가 중국어를 배우라고 말씀하셨지만, 나는 항상 "나중에~"를 외치며 엉기적거렸지만, 간절한 마음에 내 발로 중국어 학원에 직접 찾아가 공부하기 시작했다. 예습, 복습까지 철저히 하며 길거리를 다니면서까지 중국어 테이프를 들었다. 그 결과 중국어에 큰 흥미를 갖게된 나는 자기소개는 물론이고, 나중에는 중국어 자격 시험인 HSK 4급까지 획득할 수 있었다.

========= 더 나아질 수 있는 가능성을 본 사람은
움직일 수밖에 없다

곧 나는 계획했던 대로 미스춘향대회에 참가했다. 운이 좋게 1차 서류심사 예선을 통과하고 본선에 참가하기 위해 남원으로 향했다. 대회장에 도착하니, 한눈에 봐도 얼굴은 조막만 하고, 뚜렷한 이목구비가 시선을 사로잡는 참가자들이 보였다. 잠시 주눅이 들기도 했지만, 남과 비교하지 않기로 했다. 나는 어제보다 성장한 오늘의 나를 열렬히 응원하기로 다짐했다. 그러니 마음도 가벼워졌다. 면접장에 들어갈 때도 긴장이 덜 되었다.

편안한 마음으로 심사위원분들께 준비한 4개 국어 자기소개

를 했다. 한 심사위원은 내가 적은 자기소개서를 보며, 이런 말을 하셨다.

"웃는 모습이 매력 있다고 생각했는데, 노력한 보람이 있네요."

그러나 미인대회는 호락호락하지 않다며, 내가 발전할 수 있는 팁을 주셨다.

"앞으로는 다른 참가자들을 참고해 보세요. 배울 점이 많을 거예요. 그래도 계속 도전하다 보면, 더 좋아질 가능성이 있어 보이네요."

그리고 며칠 뒤, 결과 발표날이 되었다. 두근거리는 마음으로 홈페이지에 들어갔다. 그러나 합격자 명단에 내 이름은 없었다. 물론 사람이기에 나도 속상한 마음이 들었지만, 그날 심사위원 분의 말씀처럼 '가능성'이라는 단어에 집중했다. 게다가 성장하는 과정에 재미를 들린 나는 오히려 아직은 미인상에 가깝진 않더라도 미인대회를 통해 나만의 매력을 최대한으로 가꿔보기로 결심했다. 그리고 곧 파랑새 같은 행운의 기회도 찾아왔다. 주변인들은 전국에 있는 미인대회의 표지만 봐도 가장 먼저 나에게 이야기 해주었다. 덕분에 나는 '미스춘향대회' 다음으로 '스마일퀸코리아', '미스그린코리아', '바다여왕선발대회', '한복홍보대사선발대회', '대한민국 한복모델선발대회'까지 6번의 미인대회에 참가했다. 또 참가하는 대회마다 피드백을 받으며, 필요한 역량을 키워나갔다.

스피치, 워킹, 메이크업 수업, 이미지 컨설팅 등 나를 업그레이드 시킬수록 받는 상도 다양했다. 진선미 중 선, 장려상, 특별상, 모범상 등, 하지만 상을 굳이 받지 않아도 점점 더 나아지는 내 모습에 희망을 느꼈다. 게다가 7번째 미인대회인 '궁중코리아 충남대전'에서는 운이 좋게 대상을 받게 되었다. 불과 7년 전의 나와 비교하면 상상도 못 할 일에 어안이 벙벙했지만, 감격스러운 마음에 눈물이 흘렀다. 그리고 이 대회를 끝으로 나는 더 이상 미인대회에 참가하지 않으려 했다. 더는 누군가와 비교하지도 않았고, 스스로를 깎아내리며 비판적인 말을 하지 않게 되었다. 그것만으로도 충분히 가치 있는 도전이었다고 생각했다.

그러나 삶은 언제나 나에게 필요한 경험을 가져다주었다. 그동안 참가했던 대회들 중 한 심사위원 분께서 세계미인대회의 한국 대표로 나를 추천해주신 것이었다.

반짝이는 트로피보다 더 중요한 건
도전하며 얻게 되는 교훈

그 대회는 전 세계 40여 개국이 참가하는 'Miss Eco international'이라는 대회였다. 세계환경홍보대사를 선발하는 만큼 준비할 것도 많았다. 나라 소개 영상, 프로필 촬영, 수십 벌의 의상준비, 세계적 환경 이슈에 대한 공부도 필요했다.

그러나 나는 단기적인 관점이 아닌 장기적인 관점에서 바라보기로 했다. 과거에 해온 도전 덕분에 예상치도 못한 큰 기회가 찾아온 것처럼, 내 인생에 있어 이 도전은 뜻깊은 가치를 지니게 될 것이라 믿었다. 그래서 참가신청서를 쓰고, 비행기 티켓을 샀다. 6개월간의 준비 기간을 거친 뒤 나는 혼자 이집트로 향했다. 20시간 이상의 장거리 비행 끝에 대회 개최지인 이집트 카이로에 도착했다. 그곳엔 각국의 40명의 참가자들이 있었고, 참가자의 직업도 다양했다. 탤런트, 톱 모델, 국민 토크쇼MC, 변호사, 연구원 등 각자 나라를 대표해서 나온 만큼 그들이 가진 아우라도 엄청 났다. 2주간 함께 합숙하며 대회일정을 소화했다. 각 참가자들은 2~3명의 룸메이트와 함께 방을 썼다. 나와 방을 함께 쓴 룸메이트는 남아프리카와 콜롬비아에서 온 친구들이었다. 그들은 어렸을 때부터 모델 일을 해왔다. 20대 초반이지만 이른 사회생활 경험으로 생각이 깊은 친구들이었다. 우리는 밤마다 진지한 대화를 나눴다. 치열한 모델계에서 살아남은 그들은 '사람들과 자신을 비교하는 게 얼마나 자신을 갉아먹는 일'인지 이야기하며, 나다운 매력을 발전시키는 게 가장 중요하다고 말했다. 나는 좋은 친구들 곁에서 경쟁보다는 다른 참가자들에게 배움을 찾는 마인드로 임하며, 도전의 여정 자체를 즐길 수 있었다.

어느덧 시간은 흘러 2주가 지났다. 드디어 우리는 함께 꿈의 무대에 올랐다. 전 세계에 생중계 되는 라이브방송을 통해 각국을 응원하는 시청자들이 가득해졌다. 나는 떨리는 마음으로 태극기가 그려진 한복을 입고 무대 위를 걸었다. 많은 세계인들 앞에서 우리나라를 알릴 수 있어 가슴 벅찬 기분이 들었다. 물론 파이널 대회에서 상을 받지 못했지만, 한국으로 돌아온 뒤 나는 예상치도 못한 상을 받게 되었다.

그 상은 '대한민국을 빛낸 자랑스러운 칭찬대상'과 '대한민국 혁신리더 발굴 자랑스러운 한국인 대상'이었다. 9년 전의 나는 큰 상을 받게 될 거라고 상상이나 했었을까? 아니다. 과거의 나는 자신에 대한 부정적인 인식을 강하게 갖고 있었다. 하지만 메타인지를 통해 내가 가진 생각을 객관적으로 바라보며, 나에게 플러스 될 수 있는 점을 찾아 배워나갔고, 끊임없이 자신을 업그레이드시키는 것에 집중했다. 덕분에 나의 부족한 면이 아닌 장점에 집중할 수 있었다. 또한 대회에 참여하기 전, 나를 지지하며 응원 영상까지 만들어 주셨던 이집트 대사관 대사님의 초청으로 이집트 국가기념일 파티에 참여할 수 있게 되었다. 그곳에 모인 사람들은 기업 CEO에서부터 외교관 등 다양한 분야에 종사하시는 분들이 많았다. 그때 나는 다시 한번 '세상은 넓고, 다양한 직업을 가진 사람이 많구나. 삶을 적극적으로 살면, 맺어진 인연의 도움으로 내가 가보지 못한 다채로운 세상을 경험할 수 있겠구나.'라는 것을 느낄 수 있었다.

내가 미인대회를 통해 얻은 것은 단지 달라진 외면뿐만이 아니다. 가장 크게 변화한 건 내면의 생각이었다 과거의 나는 항상 마음이 공허했다. 타인과 무의식적으로 비교하며, 스스로 '부족하다', '괜찮지 않은 사람이다'라는 생각을 가지고 있었기 때문이다. 그러나 나를 자책하고 비판하는 생각이 극으로 치달았을 때, 처음으로 나에게 질문했다.

'내가 진정 원하는 게 무엇일까? 앞으로 어떻게 변화하고 싶

어?'

그 질문을 통해 나는 내가 원하는 게 무엇인지 깨달았다. 결국은 '행복'이었다. 빠르게 변화하는 시대 속에 사람들은 완벽함을 추구한다. 그러나 사실 완벽함의 기준은 무의미했다. 그 기준은 시대와 문화에 따라 다르고, 심지어 사람마다 갖는 기준도 모두 다르기 때문에 완벽한 사람을 꿈꾸면 행복해질 수가 없다. 그러나 군이 완벽한 사람이 되지 않더라도 행복해질 수 있다. 메타인지를 통해 자신이 가진 매력을 개발한다면, "나는 나다워서 좋아!"라고 당당히 말할 수 있게 된다. 나에 대한 긍정적인 이미지를 가진 사람은 곧 자신이 가진 빛을 세상에 발휘할 날이 온다. 그러니 메타인지로 나를 발전시키며, 스스로에 대한 긍정적인 느낌을 개발시켜 보자.

가장 중요한 건 타인이 아닌 나에게 관심을 갖는 것이다. 그래야 성장 가능한 최고의 내가 되어, 내가 가진 역량을 최대한으로 발휘할 수 있는 길이 열린다.

결핍은 성장의 도구,
최고의 나로 업그레이드시킨다

사람들은 모두 다른데,
왜 같은 틀 안에서 움직여야 하지?

중학교 때부터 키워온 꿈, 패션디자이너가 되기 위해 나는 미대에 진학했다. 새내기 땐 대학 캠퍼스의 로망 MT, 체육대회, 동아리 활동 등으로 정신없이 시간이 지나갔다. 그러나 2학년이 되자 동기들은 하나둘 취업 준비를 하기 시작했다. 공모전, 자격증, 어학 공부 등 뭐라도 하나 빠지면, 뒤처지는 느낌이 들었다. 시험을 준비하면서도 마음이 늘 초조했다. 하고 싶어 한다기보단 내가 하지 않으면 뒤처질까 봐 불안감에 하는 일들이 점점 많아졌다. 그러던 어느날 나는 운명처럼 한 권의 책을 만났다.《멈추지마, 다시 꿈부터 써봐》라는 책이었다. 20대 창창한 나이에 암 선고를 받은 뒤 버킷리스트를 적고, 새로운 삶을 살게 된 주인공의 이야기였다. 80여 개국을 다니며, 72개의 꿈을 이룬 주인공은 다큐멘터리 감독, 영화배우, 작가이자 강연가로 새로운 정체성을 찾았다. 나는 그 영화 같은 스토리의 주인공, 김수영 작가님의 이야기를 읽고 난 뒤 스스로에게 질문을 던졌다.

'한 번뿐인 내 인생, 나는 어떻게 살아야 할까?'

'10년 안에 내가 꼭 이루고 싶은 버킷리스트는 무엇일까?'

어쩔 수 없이 남들이 가는 길을 따라가기보다 책 속의 주인공처럼 내 마음의 소리에 따라 자유롭게 살고 싶다는 생각이 들었다. 그래서 난생처음 버킷리스트를 적기 시작했다. 그동안 마음속에 꽁꽁 감춰둔 본심이 봇물처럼 터져 나왔다. 그렇게 나다운 꿈을 적기 시작하니, '이렇게 꿈이 많았나?' 싶을 정도로 백지를 가득 채울 수 있었다.

===== 사람은 간절하면 무엇이든 하게 되어있다!

그리고 그때부터, 내 삶의 나침반은 전혀 다른 방향을 가리켰다. 소심하고, 겁이 많았던 내가 '혼자 세계 배낭여행'이라는 꿈을 적고 난 뒤 지금껏 하지 않았던 일을 하기 시작했다.

하지만 우선, 여행을 떠나고 싶지만, 주변에 조언을 구할 사람이 없었다. 그래서 서점에 갔다. 책이라곤 문제집밖에 보지 않았던 내가 여행책 세 권을 사서 책이 너덜거릴 정도로 읽었다. 가장 가고 싶던 미국 뉴욕에 관한 여행책은 그동안 읽었던 그 어떤 책보다 재밌었다. 겁이 많은 만큼 정말 뉴욕 척척박사가 될 정도로 공부하듯 읽었다. 그러다 보니 아직 가보지 않았음에도, 왠지

'도전해 볼 만한걸?'하는 자신감도 생겼다.

두 번째 장벽도 있었다. 나는 영어회화 울렁증이 있다. 외국인 앞에서는 꿀 먹은 벙어리가 되었기에, 영어 뉴스를 음악처럼 들었다. 아나운서가 말을 하면 앵무새처럼 똑같이 따라 읽었다. 화장실에 갈 때도, 길을 걸을 때도, 잠들기 전까지 영어 뉴스를 들으며, 입 밖으로 말을 내뱉는 연습을 했다. 그리고 주말이 되면 번화가 거리에 나갔다. 외국인에게 먼저 말을 걸었고, 길을 알려주거나 기념사진을 찍어준다는 핑계로 자연스럽게 대화를 나누어 보려고 노력했다.

그리고 세 번째 장벽은 바로, 혼자 여행에 대한 두려움이었다. 국내여행도 혼자 가보지 않았던 나는 뉴스만 틀면, 나오는 무서운 사건, 사고 소식들을 접하면 이미 내가 그 당사자가 된 것처럼 크게 겁을 먹었다. 가족이나 친구와 여행 가는 것이 아니면, 멀리 나가본 적이 없을 정도로 겁이 많다. 하지만 나는 더 이상 우물 안 개구리로 살고 싶지 않았다. 그래서 여행작가님의 강연을 신청해서 혼자 들으러 갔다. 그곳엔 나처럼 혼자 여행을 떠나기 위한 여행 준비생들이 많았다. 나와 비슷한 상황에 있는 사람들과 만나 고민을 이야기하고, 서로 도움이 되는 정보를 공유하며 용기를 얻을 수 있었다. 그리고 작가님의 강연을 듣고, 그동안 혼자 여행에 관해 궁금했던 점을 질문했다. 직접 겪은 경험담을 들으며, '혼자서도 충분히 여행을 떠날 수 있구나' 하며 열린 마음을 가지는 계기가 되었다.

적극적으로 행동하니, 꿈을 향해 나아가는 과정 자체에서 얻는 것이 많았다. 마지막 장벽이자, 여행을 떠나기 위한 필수 관문인 여행경비를 모으기였다. 나는 학교를 마치고, 저녁 파트타임과 주말 풀타임 알바로 고깃집 아르바이트를 시작했다. 학업과 일을 병행하는 게 쉽지 않았다. 그러나 내가 이 일을 통해 꿈에 그리던 뉴욕에 갈 수 있다는 생각을 하니, 더욱 적극적인 마음으로 일할 수 있었다. 그리고 대학교 2학년을 마친 뒤 나는 휴학을 했다. 자유의 몸이 된 뒤에도 아르바이트를 하며 여행경비를 모았다. 그리고 드디어, 기다리고 기다리던 첫 여행지, 뉴욕행 비행기에 몸을 실었다.

<hr>
우물 밖을 나온 겁쟁이 개구리의 세계 배낭여행

난생처음 혼자 비행기에 타니 다리가 벌벌 떨렸다. "눈 감으면 코 베어간다"라는 말이 머릿속에 울려서 12시간의 비행 동안 도통 잠을 자지 못했다. 그러니 막상 뉴욕공항에 도착하고 나니, 공항 안은 평화로웠고, 엄청난 해방감이 찾아왔다. 예약해 둔 한인 민박에서 하룻밤을 보내고 다음날, 뉴욕 타임스퀘어로 향했다. 그날은 나의 22번째 생일이었다. 기억에 남는 하루를 보내기 위해 가장 아끼는 트렌치 재킷을 꺼내 입고, 영화〈악마는 프라다를 입는다〉의 주인공처럼 거리를 걸었다.

뉴욕은 곳곳이 모두 명소였다. 화보를 찍는 키가 큰 모델과 뉴스를 촬영하는 특파원도 자주 보였다. 상상 속에서 그리던 뉴욕의 상징인 노란색 택시와 빨간 버스까지 보니, 가슴이 쿵쾅쿵쾅 뛴다. 지도를 달달 외운 덕에 여행 기간 동안 자유의 여신상,

차이나타운, 월스트리트, 월드트레이드센터 등 가고 싶은 곳은 어디든 다녔다. 게다가 준비했던 외국어 회화 실력이 빛을 발휘하는 순간이 찾아왔다. 그날은 미국의 기념일인 콜럼버스데이를 기념해 광장에서 시민들의 의견을 듣는 인터뷰가 진행 중이었다. 그리고 나도 참여를 해보았다. 큰 카메라가 여러 대라 떨리긴 했지만 회화를 연습한 덕에 영어로 의견을 이야기하는 데 주저함이 없었다. 그것은 이색적인 추억이 되는 동시에, '이제 영어회화의 장벽은 완전히 사라졌구나'라는 생각에 뿌듯한 성취감을 주었다.

첫 배낭여행을 무사히 마치고 돌아온 나는 또 다른 버킷리스트를 이루기 위해 책을 읽고 강연을 듣고, 여행경비를 모으고, 떠나기를 반복했다. 그렇게 100일간의 시간 동안 내가 다닌 나라는 미국, 유럽, 터키, 이집트, 아랍에미레이트, 호주, 캐나다 등 총 17개국 53개 도시였다. 그리고 여행 버킷리스트였던 알래스카에서 오로라 보기, 이집트 피라미드에서 낙타 타기, 유럽에서 가장 높은 역 융프라우에서 산악열차 타보기, 미국 놀이공원 정복하기, 영화 〈해리포터〉에 나온 해리포터 스튜디오 가보기, 세상에서 가장 높은 건물 두바이 부르즈 할리파 보기, 직접 만든 한복 입고 할리우드에서 대한민국 알리기까지 다채로운 버킷리스트를 이룰 수 있게 되었다.

물론 모든 일이 다 순탄하게 흘러갔던 것만은 아니다. 영하 30도의 알래스카 오로라를 보려다, 맹추위에 동태가 될 뻔한 적도 있었고, 미국에서 버스를 기다리다 총을 든 사람에게 위협을

당하기도 하고, 유럽에선 집시에게 소매치기를 당할 뻔한 적도 있었다. 이탈리아의 낡은 모텔에서 충전기를 꽂다 감전사고를 당해 머리가 몽땅 타버릴 뻔한 적도 있는 등 예상치 못한 사건은 언제나 벌어졌다. 그러나 그 덕에 미리 대비를 할 수 있는 준비력과 방어력도 생겨났다.

예상치 못한 상황, 침착하게 대처하면 새로운 기회가 열린다!

내가 많이 변화되었다는 것을 알게 된 결정적인 사건이 있었다. 세계 미인대회를 마치고 이집트 카이로에서 한국으로 귀국하던 중 나는 중간 경유지인 도하에서 비행기를 놓치고 말았다. 그것도 불과 2분 차이로 말이다. 나는 혼돈의 카오스에 빠졌다. 그땐 9시간이나 더 비행기를 타야 하는 상황이었기에 정말이지, 눈앞이 깜깜했다. 비행기 탑승구는 막히고 항공 승무원들은 안타까운 표정으로 나에게 도움을 줄 수 없어 미안하다는 말을 했다. 세계 배낭여행을 할 때도 겪어보지 못한 일이었다. 내가 국제미아라니! 하염없이 눈물이 흘렀다. 주변 상황은 전혀 신경 쓸 겨를이 없었다.

그러나 문득 세계 배낭여행을 할 때 겪었던 일들이 떠올랐다. 예상치 못한 상황은 언제나 발생하지만, "호랑이 굴에서도 정신만 번쩍 차리면 살 수 있다."라는 말처럼 침착하게 대처한다면 문제를 해결할 수 있다는 마음이 생겼다. 앞으로 이 어려움을 어떻게 해결할지에만 집중했다. 항공 창구에 가서 직원분과 이야기를 나눴다. 그러나 문제는 생각보다 더욱 심각했고, 비자가 없어 공항에 24시간 이상 머무르면 안 된다는 이야기를 들었다. 게

다가 한화로 약 200만 원이라는 돈을 주고 티켓을 다시 사야 했다. 이 머나먼 중동 국가에서 국제미아가 된 내가 앞으로 무엇을 해야 할지, 절망스러운 기분이 들었다.

하지만 그때 주문을 외우듯 "잘되고 있어 더 좋아지려고 그러는 거야"라고 중얼거렸다. 분명 어려운 상황이고 받아들이기 어려웠는데, 마음이 점차 편해졌고, '이 순간도 내 삶의 흥미로운 스토리를 만들어가고 있구나'라는 생각이 들어 피식 웃음이 나왔다.

그때부터 신기하리만치 문제가 풀리기 시작했다. 기적처럼 항공사 직원분께서 따로 추가금 없이 다음날 비행기 티켓을 구해주셨고, 하루 동안 타국에 머물러있으려면 보증서가 필요했는데, 그 보증서를 구입하는 것까지 친절하게 도와주셨다. 덕분에 나는 순식간에 국제미아에서 '자유로운 배낭여행자'로 바뀌었다. 배낭여행 시절의 경험을 되살려 공항 근처 숙소를 잡았고, 하룻밤을 묵으며 야무지게 도하를 구경했다.

처음 간 도하는 예전에 월드컵이 열렸던 곳이라 그런지 관광할 곳도 많았다. 오히려 그냥 지나칠 수 있는 도시를 구경하고 나니, 이 모든 해프닝이 마치 나를 위해 준비된 것처럼 느껴졌다. 그러나 만약 과거의 내가 두려움에 배낭여행에 도전하지 않았다면, 과연 똑같은 상황에서 잘 대처할 수 있었을까? 아마 세계 미인대회조차 해외에서 열린다는 이유로 참가를 포기하고 말았을지 모른다.

====== 아직 우리가 만나지 못한 우물 밖 세상은
너무나도 넓다!

10년 전, 만약 내가 그 책을 읽고 아무런 행동도 하지 않았다면 어땠을까? 지금껏 나도 우물 안에서 안주하며 우물 밖 세상이 얼마나 넓은지 경험 해보지 못했을 것이다. 내 안에 꽁꽁 숨겨진 용감하고 대담한 면을 발견하는 것만큼 재밌는 일은 없다. 겁 많던 내가 이제는 전 세계 어디라도 갈 수 있게 되었다. 혼자 여행을 꿈꾸는 사람에게 조언해줄 수 있을 정도로 여행의 척척박사가 되었다. 나이키의 슬로건인 "Just do it!"이라는 말처럼 당신 안에 있는 열망을 실현할 행동을 시작해보자. 인생은 내가 아는 만큼 보이고, 발로 뛴 만큼 펼쳐진다. 어제와는 조금 다른 행동을 시도할 용기만 있다면, 앞으로는 지금껏 경험한 것보다 훨씬 더 다채롭고 넓은 세상을 경험할 수 있을 것이다.

시행착오를 실패로
규정짓지 않게 한다

━━━━━ 달리기 왕초보의

42.195km 풀코스 마라톤 도전기

나는 시작한 일에 끝을 보지 못하는 경우가 많았다. 어렸을 적부터 엄마는 나를 태권도, 발레, 미술 등 다양한 학원에 보내 주셨지만, 끝까지 하지 못하고 늘 대충대충, 설렁설렁하는 나였다.

"넌 뭐 하나 진득하게 하는 법이 없니?"

이런 나를 보며 부모님은 답답해하셨지만 정작 가장 답답한 건 나였다. 뭐 하나 제대로 하지 못하는 상황이 반복되니 자신감도 떨어졌기 때문이다. '한 번쯤 시도해볼까?' 마음먹다가도, 결국 시작조차 해보지 못하고 지나쳐 버린 일들이 많았다.

그러던 어느날 우연히 TV에서 마라토너 이봉주 선수를 보게 되었다. 그는 우리나라의 대표 마라토너이자 세계 신기록을 보유한 선수였다. 나는 이봉주 선수가 쓴 책을 사서 읽기 시작했다. 그리고 책 속의 한 문장에 완전히 꽂혀 버렸다.

"달리기를 하면서, 사실 가장 큰 감동을 받은 사람은 저 자신이에요. 제가 잘 뛰는 것은 타고났다기보다는 끊임없이 노력했기 때문이죠. 그 덕에 나이를 먹어서도 내가 해낼 수 있다는 '자신감'을 얻게 되었습니다."

도대체 사람이 어떻게 하면 스스로에게 감동을 받을 수 있을까? 어떠한 새출발에도 두려움은 없다는 이봉주 선수의 이야기를 들으며 감명을 받은 나는 그처럼 자신감과 끈기가 얻고 싶었다. 그래서 겁도 없이, 풀코스마라톤 대회에 도전장을 내밀었다.

큰 목표도 작게 쪼개면 쉬워진다!
성취감은 2배로 Up!

사실 나는 달리기 왕초보였고, 처음부터 42km를 달리려고 생각하니 눈앞이 깜깜했다. 그러나 "피라미드도 하루아침에 만들어지지 않는다."라는 말처럼 아무리 커다란 목표도 작게 쪼개면 이루기 쉬워진다. 우선 현실 파악부터 하기 위해 나는 헬스장에 갔다. 처음엔 러닝머신 위에 올라가는 것조차 어색했다. 1km 달리기에도 헉헉댈 정도의 체력이다. 풀코스에 도전장을 내밀었으나, 생각보다 현실은 비루하기 짝이 없었다. 하지만 또다시 시작조차 해보지 않고 포기할 수는 없었다.

먼저 10㎞ 마라톤에 도전해 보기로 결심했다. 집과 가장 가까운 헬스장에 등록하고, 아무리 귀찮은 날에도 일단 헬스장에 갔다. 귀찮음에 엉기적거리며 헬스장에 갔지만, 어느새 그들과 땀을 삐질삐질 흘리며 달리고 있는 나를 발견하면 그렇게 대견할 수가 없었다. 다른 사람들이 열심히 달리는 모습을 보면 좋은 자극이 되기 때문이다.

그렇게 한 달 후 10㎞ 마라톤 대회 당일, 대회장에 도착하니 수백 명의 참가자들이 모여 있었다. 다들 함께 왔는지, 삼삼오오 모여 이야기를 하고 있었다. 혼자 대회 등록을 하고, 쭈뼛거리며 출발점의 구석에 서 있던 그때, 백발의 할아버지 참가자가 눈에 들어왔다. 80대는 족히 되어 보이는 노인이셨지만, 20대 청년들 가운데서도 눈에 띌 정도로 우뚝 서 계셨다. 오랜 시간 운동하신 듯한 탄탄한 근육질 몸매에 '마라톤쯤이야 난 한 수십 번도 더 나가 봤다'라는 듯 여유로운 미소까지. '도전하는 사람은 늘 청춘이다'라는 말처럼 그 누구에도 기죽지 않는 건강함이 그분을 빛나게 만들었다.

'나도 꾸준히 운동하면 곧 저런 자신감과 포스를 가질 수 있겠지?'라는 희망을 갖고, 출발선 맨 앞으로 나아갔다. 곧 출발신호가 들리고 나는 주먹을 꽉 쥔 채, 수많은 참가자들과 함께 달리기 시작했다. 그곳에는 사람들이 내뿜는 활기와 에너지로 가득했다. 그들과 함께 호흡하며 달리고 있다는 사실만으로도 뿌듯했다. 게다가 길거리 시민들은 마라톤 참가자들에게 손을 흔들며 "화이팅! 멋져요!"라고 응원을 해주셨다. 마치 특별한 사람이라도 된 듯 발걸음이 사뿐사뿐 가벼웠다. 덕분에 나는 무사히 첫 마라톤 대회를 완주할 수 있었다. 10㎞의 도전 기록은 51분. 하지만 기록보단 달리기 왕초보였던 내가 마라톤 대회에 참가했다는 사실만으로도 큰 의미가 있었다. 그 이후 자신감을 얻고, 몇 번 더 10㎞ 마라톤 에 참가했다. 도전을 하면 할수록 마라톤의 매력에 흠뻑 빠져들었고 점차 익숙해졌다. 성실히 노력할수록 기록이 조금씩 좋아지는 모습에 행복했다. 심지어 이제는 달리기를 하지 않으면, 옆구리가 허전할 정도였다.

큰 피라미드를 쌓을 수 있게 하는 힘, 목표를 지속 업그레이드하라!

마라톤을 시작한 지 4년 만에 한 단계 더 목표를 업그레이드 해보기로 했다. 나의 목표는 21.095km 하프마라톤이었다. 대회는 백령도라는 섬에서 열렸다. 섬이라 인천 부둣가에서도 배를 타고 3시간이나 가야 했다. 하루 전 혼자 배낭 하나 메고, 백령도로 떠났다. 배를 타는 내내 멀미가 심해서 멀미용 검정 봉투를 꼭 안고 있어야 했지만, '얼마나 간절하면 내가 이렇게까지 하나' 싶어 헛웃음도 나왔다.

무사히 백령도에 도착하여 민박집에서 하룻밤을 보냈다. 그리고 드디어, 대회장으로 향했다. 그곳엔 이른 아침임에도 참가자들이 많았다. 이번에는 ○○마라톤 협회, ○○본부 등 마라톤 경험이 많은 프로 마라토너분들도 많이 계셨다. 사실 그때 나는 조금은 기가 죽었다. 신발은 한눈에 보기에도 비싸 보이는 '번쩍 번쩍' 프로용 신발. 그에 비해 나는 5만 원도 안되는 꼬질꼬질 운동화. 함께 동그랗게 모여 몸을 풀고 있던 그들 사이에 딱 봐도 아마추어인 나는 경쟁의 대상조차 안될 것 같았다. 하지만 이봉주 선수의 말을 기억하며, '끝까지 완주만이라도 하자'라는 마음으로 이를 악물었다.

이윽고 대회가 시작되었고 하프마라톤은 이전 대회보다 훨씬 끈기가 필요했다. 중간에 너무나 지쳐서, 이대로 주저앉고 싶단 생각은 수십 번도 더 들었다. 하지만 10㎞, 15k, 20k를 계단을 올라가듯 목표를 쪼갰다. 단계적으로 목표를 이루며, 스스로를 칭찬하고 격려했다. 그러다 보니 성취감은 배가 되었고, 어느새 내가 결승점에 도착해 있었다. 또한 기대치도 않았던 선물이 나를 기다리고 있었다. 그것은 바로 하프마라톤 1등. 몇백 명의 마라토너 중에 내가 가장 먼저 결승점에 들어간 것이다. 높은 단상에 올라 나는 트로피와 상장을 받았다. 얼떨결에 상을 받았지만 그 결과가 믿기지 않았다. 또한 감동적인 것은 은메달을 받으신 분, 사고로 인해 한쪽 팔을 잃으신 40대 아버지였다. 나중에 그분과 이야기를 나눠보니 마라톤으로 인해 인생이 바뀌었다고 한다. 좌절 속에서 마라톤을 시작했고, 덕분에 다시 일어설 수 있다는 용기를 얻었다며 나에게 이런 말을 해주셨다.

"아무리 힘든 순간도 지나고 보니, 다 의미가 있더라고요. 살다 보면 예상치 못한 일도 찾아오지만, 덕분에 이렇게 마음먹으면, 해낼 수 있다는 걸 알았잖아요!! 그죠?"

나는 그분의 말을 듣고 고개를 끄덕이지 않을 수가 없었다. 그리고 나도 어떤 일이 있더라도 풀코스 마라톤 완주라는 꿈을 이루리라 결심했다.

위기를 기회로 만드는 마음가짐, '과정 역시 삶의 일부이다'

그 후 8년이 지났다. 나는 10번의 마라톤에 도전했다. 일반 마라톤 대회뿐만 아니라 철인삼종경기와 맨몸 마라톤까지 도전했다. 어느새 연례행사처럼 나의 마라톤 도전은 자연스러워졌고, 그동안 1등 상을 두 번이나 타고난 뒤 여느 마라토너 못지않은 자신감도 생겼다. 그토록 기다리던 마지막 관문! 풀코스 마라톤 도전만을 남겨두고 있었다.

하지만 "원숭이도 방심하면 나무에서 떨어진다"라는 말이 이런 것일까? 끝내 일이 터지고 말았다. 나는 마라톤 연습을 위해 회사 출근 전 새벽 5시에 헬스장에 갔고, 퇴근 후에도 달리기를 하며 하루 36km씩 연습량을 채워 연습에 매진했다. 풀코스 마라톤인 만큼 지독하게 준비해야 한다고 생각했기 때문이다. 그러나 '과유불급'이라는 말처럼 무엇이든 과하면 독이 되었다. 한 달간 달린 거리만 해도 총 1,080km, 그 거리는 서울에서 부산까지 차로 왕복할 수 있는 거리였다. 나는 허리와 무릎 통증이 있음에도 불구하고 이를 악물고 계속 달리기를 했고 결국 빨간불 신호를 무시한 덕분에 몸엔 큰 탈이 생겼다.

병원에 가니 의사 선생님은 더이상 대회 참가는 무리라고 하셨다. 걷기도 힘든 상태보다 더 슬펐던 건 마음이었다. 주변에선 "이미 10번이나 마라톤에 참여하면 됐지, 잘못하면 나이 들어서까지 고생한다"라며 나를 말렸다. 하지만 긴 세월 동안 나는 마라톤과 떼어놓을 수 없는 사이가 되어 있었고, 여기에서 꿈을 포기한다면, 두고 두고 가슴에 사무칠 것 같았다.

나는 이봉주 선수의 에세이를 매일 읽으며, 마음을 다잡았다. 그리고 스스로에게 질문했다 "만약 이봉주 선수라면 이 상황에 어떤 행동을 하셨을까?"질문을 던지니, 답이 나왔다. "누구나 우승은 하고 싶지만, 그런 건 의지대로 되는 게 아니다. 어쩌면 의지대로 되지 않을 때가 더 많은 게 삶일지도 모른다. 그러나 결과도 중요하지만, 과정 역시 삶의 일부이다."

과거엔 와닿지 않던 한 문장이 내 마음속에 훅 와닿았다. 마음먹은 대로 되지 않을 때도 있어야 좌절을 이겨내고 강해질 수 있다. 분명 포기하지 않으면, 실패가 아닌 시행착오가 될 것이라는 생각이 들었다. 이 순간을 전화위복의 기회로 삼기 위해 곧 재활 훈련을 시작했다. 처음엔 걷는 것조차 눈물이 날 정도로 통증이 찾아왔지만, '힘든 시기일수록 긍정적인 마음을 갖자'라는 생각으로 감사일기를 적기 시작했다.

"이만하길 다행입니다. 건강의 소중함을 알게 되어 감사합니다."

비록 지금은 넘어졌어도, 마음속엔 희망이 생겼다. 그리고 나의 걷기 자세에 문제가 있었다는 중요한 사실을 알게 되었다. 건물에도 기초공사가 가장 중요하듯, 걸음마를 시작하는 마음으로 걷기부터 다시 배웠다. 책과 강의를 찾아 들으며 나에게 맞는 걷기 자세를 갖춰 나갔다. 게다가 주변 친구들에게 올바른 걷기 방법을 알려주었더니, '건강전도사'라는 재밌는 별명까지 얻게 되었다. 덕분에 나는 위기라고 생각했던 일도 얼마든지 재도약할 수 있는 기회가 된다는 사실을 알게 되었다.

끝날 때까진 끝난 게 아니다!
우여곡절을 겪은 주인공의 영화가 더욱 감동적이다

마라톤을 시작한 지 10년이 되던 날, 나는 그토록 원하던 풀코스 마라톤 도전을 눈앞에 두고 있었다. 하지만 마음은 사실 몹시 심란했다. 대회 일주일 전부터 다쳤던 곳은 또 말썽을 부렸고, 출발선에 서보지도 못하고 돌아가야할 판이었다. 그러나 1년 전 쓴 고배를 마셨던 나는 다시 물러서고 싶지는 않았다. 그래서 이봉주 선수가 해주셨던 말을 곱씹었다.

"결과도 중요하지만, 과정 역시 삶의 일부다"

내가 그동안 걸어온 길을 되돌아보았다. 그럼에도 불구하고 끈기있게 달려와 결국 풀코스 마라톤에 도전하는 나를 보며 중요한 사실을 깨달았다. 그토록 내가 갖고 싶던 자신감과 끈기를 이미 지닌 사람이 되었다는 것을 말이다. 그러자 마음속엔 고통보단 기쁨이 밀려왔다. 혼자만의 여정, 그리고 그 종착지인 풀코스 마라톤! 그 자체만으로도 나에겐 큰 의미가 있었다. "끝날 때까진 끝난 것이 아니다."라는 말처럼 포기를 선택하는 대신 걷더라도 우선 도전해보기로 결심했다. 물론 달리는 내내 욱신욱신

통증이 찾아왔지만, "이만하길 다행입니다. 감사합니다!"를 마음속으로 외치며, 할 수 있는 최선을 다했다.

풀코스 마라톤은 그 명성만큼이나 호락호락하지 않았다. 한여름 날씨에 거의 탈진상태가 되었고, 마의 36㎞ 지점에서는 땅바닥에 벌러덩 드러눕고 싶을 정도로 몸이 퍼졌다. 하지만 내가 원하는 미래를 상상하며, 결승점까지 나아갔다. 그리고 그 결과, 드디어 나는 42.195km 풀코스 마라톤을 완주할 수 있었다. 비록 결승점을 넘자마자 땅바닥에 벌러덩 드러눕긴 했지만, 너무나 후련한 마음이 들었다. 불가능처럼 보였던 그 도전은 끝내 10년만에 이루어졌고, 4시간 37분 동안 나와 한 편이 되어 달렸던 기억은 내 인생에서 잊을 수 없는 짜릿한 추억이 되었다.

＝＝＝＝ 시작은 미약하나, 그 끝은 창대하리라!
마라톤은 인생의 축소판이다

마라톤에 도전하며 얻은 가장 큰 선물은 트로피나 메달이 아니다. 돌아보니, 진짜 나에게 남은 건 꿈을 이루기 위해 울고 웃었던 그 과정에 있었다. 꿈이 이뤄지는 순간은 결승점을 넘는 불과 몇 초이지만, 꿈을 향해 달려온 과정은 아무리 큰돈을 주고도 살 수 없는 자신감과 끈기라는 인생의 자산이 되었다. 간절한 만큼 스스로가 감동할 만큼 매 순간 최선을 다했다. 포기하고 싶던 순간에도, 다시 일어나며 발휘되었던 집념은 앞으로의 살아가는 데에도 큰 힘이 될 것이다. 당신이 원하는 목표가 현재의 나와는 거리가 한없이 멀어 보여도 괜찮다. 중요한 건, 지금 모습이 아니기 때문이다. 당신이 앞으로 내딛게 되는 첫걸음이 가장 중요하다. 나의 첫걸음은 1㎞였고, 결국 시간이 지나 42.195㎞를 완주할 수 있게 되었다.

온실 속 화초는 예쁘지만, 약한 바람에도 금방 쓰러진다. 그러나 우리는 들꽃처럼 아무리 세찬 바람이 불어도 다시 일어날 수 있다. "시작은 미약하나, 그 끝은 창대하리라"라는 말을 기억하며 원하는 목표를 향해 나아가라. 성공은 다른 무엇도 아닌, 자신이 상상한 목표를 위해 실제로 행동할 만큼의 용기를 갖는 것이다.

학연, 지연을 뛰어넘는 힘을 갖추자

"쟨 오늘도 또 자니? 그냥 내비둬라"

교수님은 수업시간에 항상 조는 나를 포기하셨다. 동기들은 나를 잠만보라 불렀다. 맞다. 사실 나는 과 빌런이라 불러도 할 말 없는 학생이었다. 학교생활에 관심도 없고 재미도 없었다. 그러나 3년의 휴학 후 다시 대학교에 돌아갈 때가 되었고, 복학 전, 나는 임종체험을 다녀왔다. 영정사진도 찍고 유언장을 적었다.

딱딱한 나무관 안에 혼자 누워있어 보니 중요한 사실을 알게 되었다. "삶의 재미는 만들어지는 것이 아닌, 내가 만들어 나가야 한다"라는 것을 말이다. 나는 집으로 돌아오자마자 대학 생활 버킷리스트를 적었다.

═══════ 명확한 목표는 잠든 잠만보도 움직이게 한다

버킷리스트 첫 번째 : 대학교 다독왕이 되기

책을 읽고 난 뒤 새로운 삶을 살게 된 나는 명확한 목표를 정했다. 100일 동안 책 백 권 읽기. 그리고 책에 파묻혀 살기 시작했다. 학교 강의를 마치면 곧바로 도서관에 가서 책을 읽었다. 항상 가방에 책을 가지고 다니며, 자투리 시간을 활용해 책을 읽었다. 평일엔 책 한 권을 읽는 게 빠듯하지만, 주말엔 먹고 자는 시간을 제외한 시간에 책을 읽으면 두 권, 많으면 많게는 네 권까지 읽을 수 있었다. 덕분에 내 일상에는 독서 습관이 자리 잡혔고, 나의 인생에서 책은 빼놓을 수 없는 한 부분이 되었다. 덕분에 목표했던 100권의 책을 2달 반 만에 모두 읽었고, 나는 연속으로 다독상을 2번이나 받을 수 있었다.

━━━━━ 사람은 배움과 몰입을 통해 진정한 기쁨쟁이가 된다

도서관 붙박이장이 된 나에게 사서 선생님이 좋은 정보를 전해주셨다. 바로 대학교 신문사에서 기자를 뽑는다는 것이었다. 비록 글 실력은 없지만, 나는 '내 도전스토리를 책으로 만들기'라는 버킷리스트를 적어 놓았고, 새로운 도전을 할 때마다 블로그에 기록하며 생각을 적는 연습을 해왔다. 덕분에 2차 면접까지 통과하고 난 뒤 나는 기자가 되었다. 신문읽기를 시작했다. 보도부, 사회부, 문화부 중 내가 잘할 수 있는 문화부에 들어갔다. 대학생들이 혼자 여행하기 좋은 힐링 여행지 추천이라는 주제로 글을 적었다. 직접 발로 뛰고 취재한 덕분에 생생하고 리얼한 글이 나왔다. 내가 쓴 글을 보며, 추천한 여행지에 다녀온 학생이 너무 좋았다며 고마움을 표현했다. 더욱 좋은 글을 쓰고자, 내 글쓰기에 도움이 될 만한 서적과 강의를 찾아 듣기 시작했다. 잘 쓰는 사람들의 글을 반복해서 읽고, 종이 필사를 했다. "할수록 더 에너지가 생긴다"라는 말을 그때 알았다. 이 일을 할 때만큼은 누구보다도 열정적이었고, 내적 파워가 무제한이 되는 기분이었다. 나는 밤새워 글 쓰는 일에 몰두했다.

═══════ 책임감있는 리더의 자리가 사람을 만든다

국장을 맡던 선배가 조기취업으로 신문사를 떠나게 되었다. 그리고 기자부원 전체가 모두 모여 국장 투표를 했다. 그리고 나는 기자가 된 지 1년 만에 신문사를 대표하는 국장이 되었다. "자리가 사람을 만든다"라는 말처럼 소극적인 나는 점점 적극적으로 변화하기 했다. 신문 수천 부가 쌓여있어 난잡했던 신문사실을 혼자 주말 동안 정리했다. 그리고 책에서 인상 깊게 보았던 긍정 문구들을 프린터 해 벽에 붙였다. 나를 믿고 뽑아준 부원들이 더욱 열정적으로 기사를 쓸 수 있도록 각 부원들이 어떤 글을 잘 쓰는지 파악했다. 그리고 자신들이 원하는 부서에 인력을 배치했다. 덕분에 부원들의 눈빛에는 활력이 생겼고, 책임감 있게 더욱 열심히 취재를 해왔다.

이윽고 우리가 함께 만든 신문이 나왔다. 독자들에게 "내용에 진정성이 담겨 있다", "신문의 퀄리티가 높아졌다" 등 긍정적인 피드백을 받았다. 새 학기가 되어 신문사의 규모는 더욱 커졌다. 새로운 부원들을 뽑았고, 미디어 시대에 발맞춰 페이스북, 인스

타 계정을 활성화시켰다. 학생들에게 유익할 만한 자격증 정보와 공모전뿐 아니라, 자기계발서 필독서, 학교 주변의 맛집 추천, 스터디 카페 이용 팁 등 학생들의 관심을 끌 만한 소재도 놓치지 않고 함께 게시했다. 덕분에 신문사의 인지도는 더욱더 올라가기 시작했다. 곧 유튜브 채널까지 오픈하게 되었다.

그러나 촬영에 필요한 장비들은 모두 낡아 고장 난 것들이 많았다. 해결책을 찾던 그때, 좋은 기억이 떠올랐다. 과거 내가 국장이 되던 그날, 나는 신문사를 담당하던 선생님을 찾아갔다. 사무실에 계신 다른 선생님들 것까지 빵과 우유를 사서, 새로 시작한 신문사를 잘 부탁드린다는 손편지 외 기분 좋아지는 문구를 적은 포스트잇을 빵과 우유에 붙였다. 덕분에 정성에 감동했다는 말씀과 함께 신문사에 대한 지원을 약속하셨다. 나는 선생님께 그동안의 부원들이 해온 진취적인 활약을 전해드리며, 결국은 유튜브에 대한 지원도 적극적으로 받을 수 있게 되었다. 덕분에 대학 신문사의 커뮤니티가 크게 활성화되었고, 학교 학생들이 매주 발 빠르게 소식을 전달받게 되었다.

===== 관심 분야에서 전문성을 키우면,
좋은 기회는 연쇄적으로 찾아온다!

얼마 뒤《경남일보》라는 지역신문에 칼럼을 기재해보라는 제안이 들어왔다. 그곳엔 전문직에 종사하는 분들의 지식을 바탕으로 한 글들이 많았다. 내 글이 그 신문에 적합할까 라는 고민이 들었다. 그러나 그동안 부원들과 함께 이뤄온 일들을 생각하며, 다시 한번 용기를 내기로 했다. 나의 주특기였던 '긍정 마인드'를 주제로 삼고, 긍정에 관한 책을 미친 듯이 읽었다. '웃음이 주는 행복', '말에서 흐르는 향기', '화를 잘 다스리는 법' 등 내가 잘 쓸 수 있는 글을 썼다. 자신의 색채가 들어간 글은 지식의 바다에서 눈에 톡톡 튀었다. 그간 해온 걱정과는 달리 긍정적인 피드백이 올라왔다. 글이 좋아 주변 지인에 공유했다는 댓글도 달리고, 일상 속 긍정적인 변화에 대한 감사 메일을 보내주시는 분도 계셨다. 또한 한 독자분이 추천해주신 아이디어 공모전에 참가한 나는 운이 좋게 최우수상을 받게 되었다.

주최자 측은 '행복한 마음'이라는 내가 냈던 아이디어를 기반으로 직접 라디오를 진행을 해보는 것이 어떻냐는 요청을 해주셨고, 어느덧 대학생 신분으로 라디오DJ까지 하게 되었다. 나는 총 42부작의 대본을 직접 쓰고 팟캐스트와 유튜브를 통해 시청자분들과 만났다. 물론 4시간 거리의 스튜디오에 직접 가서 녹음하는 수고로움도 있었지만, 새로운 도전이 주는 설렘과 활력은 그 모든 것을 극복할 수 있게 만들었다.

6개월간의 라디오 DJ 생활을 잘 마무리한 뒤, 나는 거기에 힘입어 또 다른 도전을 시도했다. 경기도에서 선발하는 '경기도 미디어크리에이터'에 지원을 했다. 그것은 경기도를 홍보하는 영상을 제작하는 1인 미디어 크리에이터를 선발하는 것이었고, 다양한 분야의 많은 사람들이 지원하기에 경쟁률이 치열했다. 그러나 지금까지 달려온 이력과 함께 기획서를 꼼꼼히 적어 지원서를 보냈다. 그렇게 또 한 번의 새로운 기회를 얻어 나는 크리에이터로서 본격적인 활동을 시작하게 되었다. 물론 주변에는 유튜브를 운영하는 사람이 없었다. 그래서 혼자 책과 영상을 찾아보며 기획, 촬영과 편집 등 필요한 기술들을 독학했다. 전통시장 홍보, 지역화폐와 지역사랑 상품권 사용 등 실생활에 유용할 영상들을 제작했다. 경기도 곳곳을 다니며 홍보 영상을 촬영한 덕분에 유튜브 채널에 점점 구독자가 모이기 시작했다. 그리고 어느 날 유튜브 채널을 본 초등학교 관계자 분께서 강의를 요청해 주셨고, 나는 '스마트폰 하나로 유튜버 되기'를 주제로 강의를 할 수 있었다. 혼자 유튜브 채널을 운영하며, 다양한 시행착오를 겪은 덕분에 아이들의 눈높이에도 맞는 쉬운 유튜브 커리큘럼을 제작했고, 덕분에 관계자 분이 또 다른 관계자분께 나를 소개해 주셨다. 그 이후 학교뿐 아니라, 공기업과 대기업을 다니며 전국적으로 강의를 다닐 수 있게 되었다.

학연, 지연의 꼬리표를 떼어도 빛나는 나일 수 있도록!

물론 나는 사회적으로 잘 알려진 사람이거나, 성공한 사람은 아니지만, 적어도 학과 빌런, 잠만보 학생이었던 내가 지역신문 칼럼 기고, 라디오DJ, 경기도 미디어 크리에이터, 강사가 되기까지 몇 단계의 변신을 거치며, 이곳까지 올 수 있었다면, 이 글을 읽고 있는 당신도 새로운 도전을 통해 더 많은 변화를 기대해 볼 수 있지 않을까?

여전히 사회에선 학연과 지연을 중요하다고 생각하는 사람이 대부분이다. 그러나 자신만의 경로를 설정하고, 다양한 실무 경험을 쌓으며 스스로의 역량을 강화하는 노력을 꾸준히 한다면, 그것을 뛰어넘을 수 있는 힘이 생긴다. 결국 우리는 함께 더불어 살아가는 사회 속에 있다. 가장 중요한 건 학연, 지연 등의 수식어나 꼬리표가 아니다. 그것을 떼고 남은 온전한 자신, 스스로가 지닌 능력과 태도이다. 그리고 그것은 마음만 먹으면 언제든지 긍정적으로 변화시킬 수 있다. 또한 변화는 작은 일에서부터 시작된다. 불과 몇 년 전, 종이에 버킷리스트를 적었던 그 일이 나의 인생에 전환점이 되었던 것처럼 말이다. 그리고 오늘이 바로, 당신의 인생에 새로운 변화를 만드는 특별한 날이다.

단기적인 작은 이익이 아닌
장기적인 큰 이익을 꿈꾼다

수입 창출 No! 3년간 구독자 1천 명 이하인 유튜버가
이 일을 시작하길 잘했다고 느끼는 이유

내가 처음 유튜브를 시작하겠다고 마음먹었을 때, 주변의 반영은 이러했다.

'유튜버?!, 그거 유명하거나 대단한 사람만 하는 거 아니야?'

약 8년 전, 유튜브의 초창기 시절만 해도 사람들 사이에선 '유튜버'라는 직업 자체가 생소했다. 나는 유튜브를 통해 직접 만나기 어려웠던 강연자의 이야기를 들으며, 성장했다 그래서 나도 '사람들에게 긍정적인 에너지를 전하는 사람이 되고 싶다'라는 꿈을 꾸곤 했다.

장벽은 넘어가라고 있는 거야!
성장의 발판이 되어준 3가지 높은 장벽

그러나 그 꿈을 꾸기에는 우선 장벽을 넘어야 했다.

첫째는, 주변에 유튜브를 하는 사람이 한 명도 없었고 나도 영상 분야에 대한 경험은 전무후무했다.

둘째는, 나는 복잡한 것을 싫어하는 컴맹이다.

셋째는, 카메라 울렁증이 있었고, 앞에만 서면 가슴이 쿵쾅거린다.

그러나 미디어크리에이터 활동을 위해 휴대폰으로 촬영을 했고, 유튜브에서 편집 기술을 배워서 직접 영상을 편집하기 시작했다. 어색해도 카메라 앞에 서는 연습을 꾸준히 하며, 점점 유튜버의 기질을 키워나갈 수 있었다. 경기도 미디어 크리에이터 활동을 마친 뒤 나는 본격적으로 나만의 유튜브 채널을 만들어 운영했다. 하지만 유튜버 활동은 시행착오가 훨씬 더 많았다. 혼자 영상을 기획하고 촬영하는 일은 보통이 아니었다. 게다가 당시 유튜브 편집 실력도 꽝이라 5분 영상을 만드는 데 하루 이상 걸렸다. 꽃길을 바란 것은 아니더라도 적어도 사람들이 내 영상을 보며, 긍정적인 힘이 되었다는 말을 해줄 거라 예상했지만, 현실은 조회수 100 미만, 무플이었다. 100명이라도 봐주신 게 감사하긴 했지만, '사람들이 봐주지도 않는 걸, 왜 하고 있지?'라는 생각이 든 적도 있었다.

그러나 이왕 시작한 것, 포기하지 않았다. 책 소개 영상도 찍고, 버킷리스트를 이루는 과정을 담은 영상도 올려보았다. 그렇게 1주일에 한 번씩 꾸준히 업로드한 덕분에 조금씩 반응이 오기 시작했다. 드디어, 3년 차쯤 되었을 때 구독자는 1천 명이 넘었고, 고정적으로 내가 영상을 올릴 때마다 댓글을 달아주시는 구독자분들이 생겼다. 게다가 라이브 방송을 진행하게 되면서 그 이후 구독자가 거의 3천 명이 되기까지 1년도 채 걸리지 않았다.

===== 좋은 행운은 예상치 못한 시기,
슬그머니 뒷문을 열고 찾아온다

4년간 유튜브 채널을 운영하면서, 수익 한 번 창출된 적 없었고, 잘 알려진 유튜버도 아니었지만, 도전한 덕분에 내가 얻게 된 행복은 많았다.

첫 번째, 유튜브를 하면서 1도 몰랐던 촬영, 편집, 운영 등을 모두 책이나 유튜브에서 보며 배웠다. '맨땅에 헤딩'식이라 어렵긴 했어도 아기가 걸음마를 하듯 배우는 즐거움을 느낄 수 있었다.

두 번째, 유튜브를 시작하며 얻은 기회들이다. 촬영도 처음엔 휴대폰으로 하였고, 편집 기술도 휴대폰 어플로 시작했다. 하지만 나중에는 컴퓨터 프로그램을 이용해 영상편집을 할 수 있을 정도로 이 일이 수월해졌다. 혼자 조금씩 실력을 쌓아가면서 250여 개의 영상을 만든 덕분에 나중에 대학교 졸업 후 나는 영상 회사에 취직을 할 수 있었다. 담당 부서도 콘텐츠 제작부였다. 또한 맨땅에 헤딩식으로 시작한 덕분에 초보 유튜버가 겪는 어려움에 대해 잘 알고 있었다. '스마트폰 하나로 쉽게 유튜버 되기'라는 커리큘럼을 만든 덕분에 다양한 강연 기회도 얻을 수 있게 되었다. 덕분에 유튜브 수입은 하나도 없었지만, 강의를 통한 수입을 창출할 수 있게 되었다. 그리고 가장 중요한 것은 내가 지닌 가능성을 깨닫게 되었다는 점이다.

"덕분에 어려운 시기를 극복할 수 있었어요!", "책과 거리가 멀었지만 이젠 책의 매력에 쏙 빠졌어요!"라는 댓글을 읽으며, '이 일을 시작하길 참 잘했다.'라는 생각이 들었다. 단기적으로 보고 내가 이 일을 시작했다면, 금방 지쳐 포기했을 것이다. 그러나 '좋아하는 일에 최선을 다한다.'라는 생각으로 다양한 시도를 했고, 남들의 성공 기준이 아닌 나만의 성공 기준을 따른 덕분에 포기하지 않고 조금씩 성장해나갈 수 있었다.

당신을 기다리는 산 정상의 아름다운 풍경을 기대하라!

누구나 원하는 일이 하나쯤 있다. 그러나 사회에선 '성공', '부'를 얻는 게 아니면 하고자 하는 일이 가치가 없다고 이야기할 수도 있다. 하지만 당신이 중요시하는 인생 가치관에 부합하는 꿈이라면 주위 시선이나 평가에 너무 연연하지 않고, 일단 도전해보았으면 한다. 나 역시 처음엔 망설이기도 했지만, 결국 도전했더니 선물 같은 기회와 행복을 얻었고, 만약 과거로 돌아가서 다시 선택할 기회가 주어져도 지금과 똑같은 선택을 할 것이다.

꿈을 이루는 과정은 마치 등산하는 것과 같다. 산을 오를 때는 내가 얼마나 와있는지 모르지만, 정상에 오르면 지금껏 내가 얼마나 성장했는지 비로소 바로 보이는 것처럼, 올라가는 과정 중엔 땀도 나고 포기하고 싶을 정도로 힘들지도 모른다. 그러나 주변 시선에도 불구하고, 그 여정을 이미 시작했다면, 그만큼 당신이 원했던 일일 것이다. 그러니 흔들리지 말고, "Keep going! and never give up", 포기하지 않고 나답게, 앞을 향해 나아가자! 분명 그 끝엔 당신을 위한 아름다운 절경이 기다리고 있을 것이다.

혼자여도 충분히 괜찮고,
함께 있으면 더욱 좋음을 만드는 힘

===== 화장실도 혼자 못가던 의존형 인간에서
'혼자 놀기 달인'이 된 비결

"혼자 다니면 안 심심해?"

"항상 동에 번쩍! 서에 번쩍! 완전 홍길동이야!"

이제는 이런 말을 자주 듣는 나도 처음부터 혼자만의 시간을 즐겼던 것은 아니다. 심지어 학창시절에는 화장실까지 친구 손을 잡고 갈 정도로 의존형 인간이었다. 중학교 시절 내가 친해지고 싶던 그 아이는 나에겐 관심조차 없었다. 그 아이와 친해지고 싶어 먼저 다가갔지만, 오히려 더 멀어질 뿐이었다. 친구 관계에 한참 신경을 쓰던 사춘기에 '친구가 나를 멀리하는 이유는 내가 별로이기 때문이야.'라는 생각을 하게 되었다. 그러다 보니 다른 사람들이 나를 어떻게 바라보는지에 대해 유난히 신경을 썼고,

무리에서 떨어져 혼자가 되면 외톨이라는 부정적인 이미지가 덧입혀지면서 곧 죽어도 친구들과 함께 다니려고 애쓰는 사람이 되어있었다.

═════ 독립심을 길러준 혼자 여행의 시간

버킷리스트를 작성했을 당시, 가장 먼저 든 생각은 이제는 남들의 시선이 아닌 나 자신에게 집중해야겠다는 생각이었다. 스스로에게 질문을 했다

'앞으로 나는 어떤 사람이 되고 싶은가?'

사실 답은 간단했다. 다른 사람의 말 한 마디에 전전긍긍하던 내가 아닌, 자기주관이 뚜렷하고 어떤 시선에도 흔들리지 않는 단단한 사람이었다. 하지만 지금과 정반대의 사람이 되려면 정반대의 일을 시도해야만 했다. 그래서 혼자 국내여행도 가보지 않았던 내가 지금껏 해본 적 없는 '혼자 세계 배낭여행 하기'라는 버킷리스트를 적게 되었고, 누군가에게 의존하지 않고, 독립적으로 정보 수집하고 여행경비 마련하는 등 만반의 준비를 기했다. 덕분에 무사히 첫 배낭여행을 마무리할 수 있었다.

그러나 성취감도 잠시, 마음에 큰 혼란이 찾아왔다. 여행을 다녀온 뒤 감격스러운 마음에 SNS에 사진과 후기를 올렸다. 그러나 이런 금쪽같은 메시지가 날아왔다.

"부럽다! 근데 넌 취업 걱정 안 돼?"

"여행은 겉치레, 허세잖아. 그 돈으로 나는 차라리 다른 걸 하겠다!"

시선을 신경 쓰지 않으리라 다짐했으나, 막상 그런 이야기를 듣고 나니 마치 갈대처럼 마음이 흔들렸다. 하지만 덕분에 나는 중요한 사실을 알았다. 혼자 여행을 다녀온 것에 진심으로 축하 해주는 사람도 있는 반면, 자신의 가치관대로 평가하며, 비난하는 사람도 있었다. 어차피 내가 어떤 일을 해도, 사람들의 의견은 천차만별이다. 그러나 대부분의 사람들은 직접 해보지 않은 일에는 회의적이다. 그런 의견들에 휩쓸려 버리면 결국 해보고 싶은 일도 하지 못하게 되니 나만 손해이다. 따라서 직접 여행을 해본 사람들의 후기, 여행 강의를 들으며 혼자 여행의 팁을 얻었고, 결국 나도 해낼 수 있을 것이라는 희망을 키웠다. 그래서 묵묵히 100일간 혼자 세계 배낭여행을 다닐 수 있었다.

돌이켜보면 그때 흔들리지 않고 행동한 것이 백 번 천 번 잘한 일이라고 생각한다. 세계를 다니며 스스로 불가능하다고 생각한 꿈을 하나씩 이루면서, 주변 시선이 어떠하든 내 마음의 진실된 소리를 따르는 것이 가장 후회를 남기지 않는 길이라는 사실을 깨달았다. 게다가 내가 그 일에 성공하고 나니 언제 그랬냐는 듯 처음엔 부정적으로 이야기했던 그 아이가 나중에는 이런 메시지를 나에게 보내왔다.

"나도 혼자 여행 갈 건데, 좋은 곳 추천 좀 해줄래?"

결국, 백 번의 말보다 하나의 행동이 낫다. 생각보다 사람들은 우리에게 관심이 없다. 길거리 한복판에서 탭댄스라도 추면 모를까, 결국 그들의 인생 영화 속 수많은 조연 중 한 명, 혹은 행인 1001호쯤 될지 모른다. 그래서 나는 '나답게! 원하는 삶을 살아도 충분히 괜찮다'라는 결론을 냈다.

유리 멘탈이었던 내가 책에 푹 빠진 이유

　과거의 나는 누군가에게 좋지 않은 이야기를 들으면 몇 날 며
칠을 혼자 끙끙대는 스타일이었다. 혹여나 나를 싫어할까 무리
한 부탁에 거절도 못 하는 답답이다, 자존감도 낮은 사람이었
다. 그러다 보니 얼굴은 웃고 있지만 마음에는 시커멓게 멍이 들
었다. 그래서 나는 책을 읽기 시작했다. 이전엔 무슨 책을 읽어
야 할지도 몰랐고, 흥미도 없었다. 그러나 큰 서점에 가서, 내 마
음이 이끄는 분야의 책을 골라 읽기 시작했다. 나는 그중 철학과
심리학에 관한 책을 가장 많이 읽었다. 철학책 속에 있는 현인들
의 지혜를 빌려 사색하고 심리학을 배우며, 내 안에 숨겨진 해답
을 찾아 나갔다.

　이제 나는 어딜 가든 책을 가방에 넣고 다닌다. 자투리 시간
에도 책을 틈틈이 읽는 독서광이 되었다. 분명 예전의 나는 부모
님이 "제발 책 좀 읽어라!"라고 말할 정도로 책을 무척 읽지 않는
아이였다. 그러나 책은 누군가 읽으라고 해서 읽는 것이 아니었
다. 진짜 내가 필요함을 느끼면, 읽지 말라고 해도 찾아서 읽게
되기 때문이다. 인생을 살며 진정한 친구 한두 명만 있어도 축복
받은 것이라 말한다. 하지만 아무리 SNS 속 친구가 수천 명이라
해도 정말 마음을 터놓고 이야기할 수 있는 친구는 과연 얼마나
될까? 깊은 고민도 신뢰하고, 털어놓을 수 있는 사람이 바로 나
자신이 되면 어떨까? 그 든든함과 만족감은 평생 동안 누릴 수

있다.

책을 읽고 난 뒤 나는 스스로 어떤 사람인지 더욱 잘 알 수 있게 되었고, 나만의 신념과 가치관이 생겼기에 타인의 시선이나 말에 쉽게 흔들리지 않는다. 다른 사람이 나를 어떻게 생각하는지보다 내가 나를 어떻게 생각하는지가 더욱 중요한 사람이 되었다.

인연은 발로 뛰어 찾는 거라던데?
적극적으로 나의 인연 찾기

나는 나의 인연을 찾기 위해 직접 발로 뛰었다. 독서 모임에 나가 나와 같이 책을 좋아하는 사람들을 만나 적극적인 대화를 나눠보기도 했고, 5년간 100회의 오프라인 강연을 혼자 다니며 처음 본 사람에게 먼저 다가가 말을 걸어보기도 했다. "끼리끼리 모인다", "내 주변에 있는 5명이 나의 평균 수준이다"라는 말처럼, 사람은 비슷한 사람에게 끌리는 법이다.

그렇게 우연인 듯 운명처럼 만난 사람 중 나와 꾸준히 인연을 이어온 한 친구가 있다. 그는 나이는 어리지만, 배울 점이 정말 많은 사람이었다. 꿈을 위해 어느 정도 노력하는 것이 아닌, 남들보다 열 배 이상의 노력을 투자한다. 대학교에 자퇴서를 내고, 머리를 빡빡 깎은 채 새벽 3시까지 죽기 살기로 일을 했다. 그리고 몇 년 뒤 식당 아르바이트를 시작한 그는 현재는 회사를 이끌어가는 어엿한 CEO가 되었다. 그렇게 열심히 사는 친구와 나는 오랫동안 인연을 지속해오며, 서로의 꿈을 응원한다. 관심사가 맞아 대화도 잘 통한다. 각자의 삶에 충실해 살다 보니 좋은 일이 생겼을 때, 진심으로 자신의 일처럼 축하해준다. 좋은 인연은 언제 만나도 편안하고, 즐겁다. 고사성어 중에 '근묵자흑(近墨者黑)'이라는 말이 있다. "검은 먹을 가까이하면 나도 검어진다."라는 뜻이다. 반대로 우리 주변에 좋은 사람이 있으면, 더욱 좋은 사람이 되기 위해 스스로 노력하게 된다. 따라서 나의 주변에 있는 사람들은 어떤 사람인지, 또한 "나는 스스로 어떤 사람인가?"를 깊이 생각해 볼 필요가 있다. 내가 좋은 사람이 되어, 좋은 사람이 곁에 올 수 있도록 자신을 날마다 갈고 닦아 더 나은 이가 될 수 있도록 부단히 노력해야 한다.

━━━━━ 혼자 있는 시간 : 나에게 줄 수 있는 최고의 선물!

과거에 나는 주변 사람의 관심이 고픈 의존형 인간이었다. 그러나 자발적으로 혼자 있기를 선택한 덕분에 타인을 신경 쓰지 않고 여유롭게 나를 위한 시간을 충실히 보낸다. 그럴수록 주변엔 나를 찾는 좋은 사람들이 많아졌고 나 또한 언제든 친구들 사이로 갈 수 있다는 자신감이 생겼다. 또 혼자 있는 시간의 큰 장점을 깨닫게 되었다. 먼저, '나'와 가장 친한 베스트프렌드가 될 수 있다.

나는 사색이 필요할 때마다 산책이나 등산을 한다. 평소 사람들과 있을 땐 자신과 대화를 나눌 여유가 없지만, 이렇게 자연 속에 혼자 있으면서 스스로에게 질문을 던지며 깊은 대화를 나누어 볼 수도 있다.

"오늘 하루는 어땠어?"

"지금 기분은 어때?"

"오늘 가장 인상 깊었던 일은 뭐야?"

"어떤 사람과 함께 있을 때 너는 기분이 좋니?"

"앞으로 도전 해보고 싶은 일은 뭐야?"

물론 처음엔 생소할 수 있다. 평소에 자신과 내밀한 대화를 나눠보지 않았다면, 더욱 그러할 것이다. 그러나 자신과 단절되어 있다면, 내가 진짜 원하는 것이 무엇인지, 내 마음 상태는 어떠한지 모르게 된다. 그럴 때 사람은 타인의 시선이나 말에 쉽게 흔들리게 된다. 하지만 세상에서 자신을 알아가는 것만큼 재미있는 일은 없다. 타인이 아닌 자신에게 관심과 애정을 쏟아보자. 스스로를 가장 잘 아는 사람이 바로 자신이며, 나에게 베스트프렌드가 되어줄 수 있다. 또한, 자아실현을 하며 '나'로서 바로 설 수 있다는 장점도 있다.

혹시 당신도 이런 적 있지 않은가? 좋아하는 사람과 함께 있을 땐 시간이 어떻게 가는 줄 모르게 된다. 10시간도 1시간처럼 느껴질 정도로 짧다. 그러나 억지로 하는 일이라면, 자신도 모르게 초시계를 세며 하품을 한다. 같은 시간이지만 다르게 느껴지는 이유는 뭘까? 나와의 대화가 중요한 이유가 여기에서 나온다. 사람은 자신이 좋아하는 일이 무엇인지 알아야 한다. 자신과의 대화를 통해 스스로 좋아하는 일이 무엇인지 찾고, 그 일을 해야 시간을 사용하는 밀도가 달라진다.

'매슬로우 욕구 5단계'를 보면 1단계인 생리적 욕구부터 시작해 안전의 욕구, 사회적 소속감의 욕구, 존경의 욕구 그리고 가장 높은 층은 자아실현의 욕구이다. 시간이 가는 줄 모를 정도로 푹 빠진 일이 있어야 어영부영 시간을 흘려보내거나 다른 사람에게 의존하는 일이 없으며, 같은 시간도 알차게 사용할 수 있다. 또 좋아하는 일을 찾아 잘하는 일로 만들며, 보람과 성취를 느끼면서 자신감이 생기고, 스스로가 바로 설 수 있다. 그러나 자아실현은 누가 대신해주지 않는다. 거저 얻어지는 것은 없기에, 자신에게 쏟는 시간과 노력이 필요하다. 그래서 혼자 갈고닦는 시간이 필요하다. 마치 농부가 씨앗을 심고 물을 주어 성실히 작물을 키우듯 꿈에도 따뜻한 관심을 보낼 필요가 있다. 그에 따라 따라오는 보상의 대가도 훨씬 더 커질 것이다. 그리고, 인간관계의 질이 향상된다는 장점도 있다.

혼자의 시간은 인간관계에도 긍정적인 영향을 줄 수 있다. 스스로와 긴밀한 관계를 맺기 시작하면, 타인을 만날 때도 더욱 나의 진실한 모습으로 다가갈 수 있다. 사람은 자신의 존재를 진지하게 받아들이고, 긍정적으로 인식하면, 타인의 존재도 있는 그대로 인정할 수 있는 마음이 생긴다. 모든 사람은 자신의 존재가 존중받고, 이야기에 귀 기울여주길 바란다. 그러나 나의 에너지가 고갈되어있으면, 어떻게 진심을 다해 그 사람과 함께 있는 시간을 즐길 수 있을까? 사람은 기계가 아니다. 오히려 사람을 많이 만나면 피로해지기 쉽다. 그렇기에 충분히 자신과의 시간을 보낸 뒤 함께 있는 시간엔 온전히 상대방에게 따스한 관심을 가져보자.

'오, 이 사람은 나에게 관심이 있구나'하고 느끼면 상대방은 나와의 만남이 진정성 있다고 느끼게 될 것이다. 많이 만나는 것이 중요한 것이 아닌, 한 번 만나도 진심을 다하는 만남이 중요하다.

혼자 있는 시간은 더이상 버티는 시간이 아니다. 자기 자신과 더욱 가까워지며 삶의 진실한 행복을 느낄 수 있는 좋은 기회이다. 당신은 온전히 자신을 위한 시간을 얼마나 자주 갖는가? 적어도 하루에 10번 자신과 대화를 나누고, 한 달에 한 번은 꼭 자신을 위한 온전한 여유의 시간을 계획해보자. 그 시간들이 모여 오래 기억에 남는 추억, 건강한 인생을 만드는 자양분이 될 것이다.

하루를 2배 이상 늘려, 알차게 사용하는 방법을 배우기

======== 같은 시간을 다른 밀도로 사용하면
결괏값은 달라지기 마련이다

"엄마 저도 폰 사주세요! 반에서 저만 없단 말이에요!"

"무슨 소리야! 네 언니도 없잖니!"

나는 중학교 2학년 때까지 휴대폰이 없었다. '남들의 기준에 맞춰 물건을 사는 것은 의미가 없다.'라는 엄마의 교육방침 덕분이었다. 엄마는 대신 내가 반에서 5등 안에 들면 휴대폰을 사준다고 약속했다. 그러나 안타깝게도 당시 나의 성적으론 택도 없었다. 그러나 목표가 생긴 이상 꼭 해내고야 말겠다는 오기가 생겼다. 그리고 그때부터 나의 진짜 변화가 시작되었다. 소문난 잠꾸러기였던 내가 새벽 6시에 일어나 책상 앞에 앉았다. 수업시간엔 늘 꾸벅꾸벅 졸던 내가 졸음을 쫓기 위해, 자발적으로 교실 뒤에 서서 수업을 들었다. 쉬는 시간엔 늘 친구들과 놀기 바빴지만, 이젠 엉덩이에 본드라도 붙인 듯, 자리에 앉아 꿋꿋이 예습 복습을 했다. 그 결과 놀라운 일이 생겼다. 평균 92점. 내 인생에서 받았던 점수 중 가장 높은 점수였다. 그리고 꿈에 그리던 최신형 휴대폰이 내 손에 들어온 순간 나는 깨달았다.

'나도 노력하면 되네?'

그리고 아무리 같은 시간이라도 어떻게 사용하느냐에 따라 천지 차이로 결과는 달라진다는 사실을 알게 되었다. 그 후 10년 뒤, 나는 대학 복학생이 되었다. 휴학을 3년이나 하니 나는 새로운 학번들 사이에서 완전 구석기시대 유물, 화석이 따로 없었다. 그러나 오히려 나에게 그 점이 자극되었다. 늦은 만큼 하루를 두 배 이상 늘려, 알차게 사용해 보리라 결심했다. 대학교 로망이었던 대학 홍보대사, 신문사 기자, 동아리와 공모전 활동 등 하고 싶은 일에 마음껏 도전했다. 하는 일이 많으니 하루 24시간이 모자랄 정도로 바빴다. 그래서 한정된 시간을 쪼개서 사용하기 시작했다.

===== 하루를 두 배 이상 늘려 알차게 사용하는 방법

나는 좋아하는 일로 하루를 시작한다. 어떤 마음으로 하루를 시작하느냐가 중요하기 때문이다. 매일 새벽 3시 50분에 일어나자마자 명상을 했다. 온전히 나에게 집중할 수 있는 시간을 만들었다. 그리고 명상이 끝나면 내가 가장 좋아하는 일인 독서를 했다. 내가 좋아하는 일을 일과에 넣은 덕분에 기꺼이 일찍 일어나

게 된다. 오히려 이 시간이 설렌다. 그리고 나는 해가 뜨자마자 옥상으로 올라간다. 줄넘기를 하며, 최상의 하루를 미리 시뮬레이션 해본다.

'오늘 하루를 만족스럽게 보내기 위해 어떻게 보내면 좋을까?'

먼저 나에게 질문을 던지고 우선순위에 따라 알차게 보내는 일과를 머릿속으로 그려보았다. "생각하면서 살지 않으면, 사는 대로 생각하게 된다."라는 명언처럼, 내 하루를 주체적으로 설계하기 위함이었다. 미리 시뮬레이션을 한 덕분에 하루 계획표를 원하는 대로 만족스럽게 세울 수 있었다. 또한 "티끌모아 태산이다."라는 말처럼 자투리 시간도 티끌처럼 모아 태산처럼 사용했다. 하루에 1시간이면 일주일에는 7시간, 1년이면 무려 365시간이나 된다. 이 시간이 쌓이면 무시할 수 없는 큰 가치가 된다.

학교 강의가 시작되기 전 1시간 정도 일찍 나와 도서관으로 갔다. 이 시간에는 자기계발 시간을 가져본다. 나는 그때 신문사 기자 활동을 하고 있었다. 매일같이 신문을 읽었다. 덕분에 좋은 습관이 생겼다. 그리고 기사를 작성하는 능력도 향상될 수 있었다. 또 중간중간 강의 쉬는 시간을 활용하여 '해야 할 일을 나눠서 처리'했다. 대학교 홍보대사였기에 홍보용 카드뉴스를 제작하는 임무가 있었다. '티끌 모아 태산'이라는 말처럼 짧은 시간인 듯 보이지만 모으면 1~2시간 정도의 시간이 생겼다. 나는 그 시간을 활용했다. 틈새 시간을 활용하면 좋은 점은 단시간에 집중하는 능력이 생긴다는 것이었다. 수업이 시작되기 전, 007작전을 방불케 하는 스피드와 집중력을 발휘해 결과물을 내는 습관

이 생겼다. 자투리 시간을 잘 활용했다는 마음에 성취감과 보람
은 배가 되었다.

긍정적인 마인드셋은 기본이다. 그래서 동기부여 강의를 틈
틈이 들었다. 요즘은 마음만 먹으면 언제 어디서나, 무료로 훌륭
한 연사의 강의를 찾아 들을 수 있다. 쉬는 시간이나 점심시간
10분을 이용해 강의를 듣고 나면 마음가짐이 새로워진다. 자기
의 일에 최선을 다하는 연사님들처럼 '성공 마인드셋'을 장착했
다. 그러니 같은 일상도 달리 보일 수 있었다.

'그래, 작은 일에도 최선을 다하자.'

학교 강의를 모두 마치고 난 뒤에도 일정이 끝나지 않았다.
대학교 홍보대사 활동을 하며 영상 촬영이나 행사 참여가 있었
고, 그때마다 긍정적인 마음가짐으로, '기회는 준비된 자가 잡는
것이다.'라는 마음으로 작은 역할이라도 최선을 다했다.

어느새 날이 어둑해진 뒤 신문사 동아리방에서 기사를 작성
한다. 비록 몸은 고단해도, 나중에 이 글이 학교 신문에 실릴 생
각을 하니 책임감이 생겼다. 마지막 남은 힘까지 끌어올려 기사
를 작성하고 나면, 긍정적인 마인드로 임한 덕에 마치고 나면 행
복감과 후련함은 두 배가 된다. 또한, 하루를 마무리하며, 관찰
자가 되어 객관적으로 하루를 돌아본다. 생각보다 사람은 단순
하다. 오늘 하루를 보내며 느낀 것이 없다면, 어제 했던 생각과
행동을 고스란히 반복하며 살기 때문이다. 그래서 매일 밤 하루
피드백을 통해 관찰자의 눈으로 나를 바라보았다.

집에 돌아와 씻기 전에 책상에 앉았다. 아침에 적은 계획표

를 보며 하루 피드백을 했다. 각 일정에 대한 완성도와 만족도를 1~10점까지 점수로 매겼다. 그리고 내가 어떤 점을 잘 해냈고, 보완해야 하는지 객관적으로 바라보았으며, 다음날은 꼭 아쉬운 점을 고칠 수 있도록 노력했다. 작은 습관이지만, 이 시간을 통해 지속적인 발전의 과정이 이뤄지며, "나는 매일 조금씩 성장하고 있다."라는 희망이 생겨 일상에도 좋은 동기부여가 되었다.

그렇게 하루하루 보낸 덕에 졸업할 당시의 나는 예전보다 많이 성장해 있었다. 대학교 홍보대사 활동을 시작했을 당시, 늘 깍두기 멤버였지만, 이젠 영상을 촬영할 때 가운데에 선다. 기자 활동 역시 초보 기자에서 시작해 국장이 되었고, 지역신문에 기사를 싣는 기회를 얻을 수 있었다. 다양한 공모전에 참여하며 최우수상을 2번 받았고, 나의 미래를 위한 자격증을 3가지 획득할 수 있었다. 매일 한정된 시간을 알차게 사용한 덕분에 나는 그 시절에 할 수 있는 다양한 일을 경험하며, 만족스러운 대학 생활을 마무리할 수 있었다.

당신의 하루에 가장 관심을 가져야 하는 사람은 누구일까?

아무리 백만불을 가진 사람일지라도, 당장 내일 죽는다면 그 돈과 삶의 시간을 바꿀 수 있는가? 그만큼 시간이 지닌 가치는 헤아릴 수 없을 정도로 귀중하다. 사람은 목표가 있느냐 없느냐에 따라 하루가 천양지차(天壤之差)로 달라진다. 공부와 거리가 멀었던 내가 처음으로 180도 달라진 것처럼, 스스로 원하는 목표가 있다면 자칫 버려질 수 있는 시간도 사용하는 열정이 생길 것이다. 하루를 어영부영 흘려보낸다면, 과연 인생이 만족스러울까? 알차게 잘 사용했기에, 내일은 좀 더 나은 내가 될 것이라는 희망을 품고 미래에 대한 자신감이 생기는 것이다.

잊지 말자. 오늘 당신이 어떤 하루를 보낼지에 가장 관심을 가질 사람은 바로 자신이다. 누가 내 인생을 대신 살아주지 않기에 주체적인 '시간의 주인'이 되어야 한다. 스스로 얼마나 하루에 관심을 갖고, 가꿔가느냐에 따라 인생 전체가 달라질 수 있다.

시간 활용 능력이 곧 경쟁력 있는 나의 무기가 되며, 이를 잘 활용할 수록 스스로 생각했던 것보다 더 많은 것을 이뤄낼 기회라는 것을 깨닫게 될 것이다. 금쪽보다 더 소중한 당신과 삶의 시간을 존중하자. 그럴수록 시간은 당신에게 더욱 큰 보답을 해줄 것이다.

도전하는 자신을 긍정적으로
바라보는 자기 응원력 UP!

거절 한 번에 무너졌던 유리 멘탈이 천 번의 거절에도 거절 한 번에 무너졌던 유리 멘탈이 천 번의 거절에도
아랑곳않는 불도저가 되다!

"미안한데, 우리 회사 재정이 안 좋아서⋯. 내일부터 회사에
나오지 않아도 될 것 같아"

나는 다니던 회사에서 하루아침에 해고를 당했다. 스타트업
이었던 회사가 확장하며, 조금씩 재정이 악화하였고, 결국 소문
이 사실이 되었다. 차라리 애사심이라도 없다면 좋았을 걸⋯. 대
학교 졸업 후 첫 회사에 입사한 나는 온 열정을 바치겠다는 일념
으로 아침부터 밤까지 회사 일만 생각했고, 덕분에 담당 부서의
매출도 3개월 만에 10배 가까이 올릴 수 있었다. 그러나 막상 열
정적으로 일할 것이 사라지니 가슴이 공허했다. 씁쓸한 마음은
둘째치고, 곧바로 현실 문제에 부딪혔다. 취직을 위해 고향을 떠

나 서울로 왔고, 매달 나가는 월세에 생활비, 각종 공과금 지출까지 당장이라도 돈을 벌어야 하는 상황이었다.

나는 각종 취업 사이트를 뒤지며 할 수 있는 일을 찾기 시작했다. 그러다 운명처럼 한 공고를 보게 되었다.

"길거리 인터뷰 MC를 뽑습니다!"

그 공고를 본 순간 내 머릿속에 반짝이는 전구라도 켜진 듯 환해졌다.

===== 새로운 도전! 간절함은 새로운 기회의 문을 열어준다

그동안 회사에 다니며, 나는 컴퓨터 업무를 주로 해왔다. 네모난 자리에 앉아 온종일 모니터만 들여다보는 것이 답답하기도 했다. 그래서 오히려 이번 기회로 새로운 일을 도전해 볼 좋은 기회라는 생각이 들었다. 그러나 처음부터 인터뷰 중에서도 난이도 최상인 길거리 인터뷰라니…! 도저히 엄두가 나지 않았다.

하지만 인생의 모든 경험은 쓸모가 있었다. 대학 시절의 내가 경험했던 대학 홍보대사, 라디오DJ 활동 등의 다양한 경험이 생소했던 그 일에 도전할 수 있는 용기를 주었다. 나는 덕분에 2차 면접까지 합격했다. 나중에 알고 보니, 치열한 경쟁률 속에 날고 기는 후보자들이 많았다고 한다. 그러나 별 기대 없이 면접을 본 대표님은 열정이 넘치는 눈빛, 그리고 무엇보다 어떤 일이든 뛰어들겠다는 간절함과 적극적인 태도에서 나를 뽑게 되었다고 말씀하셨다. 그 이야기를 듣고 '인생의 문은 역시 두드려봐야 안다.'라는 것을 깨달았다. 겁이 날수록 오히려 더 당돌하게 문을

두드려야 좋은 기회를 얻을 수 있다.

결국 발로 뛰는 불도저가 이긴다!
무수한 거절에도 불구하고 다시 일어나라

나의 주 무대는 홍대, 길거리를 지나다니는 20대 청춘을 대상으로 인터뷰를 진행했다. 하지만 길거리 인터뷰는 생각보다 훨씬 더 어려웠다. 그동안 다양한 도전을 경험했지만, 이 일은 차원이 다른 레벨이었다. 평소 처음 본 사람과도 금방 친해지는 편이지만, 미리 섭외된 대상이 아닌, 길을 가던 시민에게 요청하고 인터뷰를 진행하는 일은 정말 쉽지 않았다.

거리를 지나가다 인터뷰를 하는 일이 과연 인생에 몇 번이나 될까? 시민들은 대부분 망설이거나 거절하는 분들이 많았다. 대부분은 웃으며 거절하셨지만, 간혹 듣자마자 인상을 확 찌푸리고, "그런 거 안 해요!"라고 말하며 '휙!' 고개를 돌려 가실 땐 그 마음은 이해하지만, 나도 사람인지라 쿠크다스 같던 멘탈이 와사삭 바스러지는 소리가 들려왔다.

하지만 "비 온 뒤 땅이 굳는다"라는 말처럼 가장 기억에 남았던 날이 있었다. 그날은 유난히 길거리에 사람도 없었고, 10번 중 9번은 거절을 받아 팀 전체의 사기도 잔뜩 꺾여있었다.

"그냥 오늘 접자. 도저히 안 될 것 같아."

웬만해선 포기하지 않는 대표님마저 고개를 저었다. 그러나 나는 도저히 포기할 수가 없었다. 코로나 시기에 가장 큰 치명타를 입었던 것이 길거리 인터뷰였고, 코로나가 풀리자 어려웠던 채널을 다시 되살리기 위해 나를 선택했다는 사실을 알고 있었기 때문이다.

"저 할 수 있어요! 오늘 목표한 팀 채울 때까지 집 안 갈게요!"

기왕 시작한 일, 무라도 뽑아야 할 것 아닌가! 나는 끝장을 보자는 마음으로 추운 겨울 홍대 곳곳을 돌아다니며 인터뷰를 진행했다. 다행히 시간이 지나자, 사람들이 점점 붐비기 시작했다. 나는 매의 눈으로 인터뷰어를 놓치지 않기 위해 재빠르게 관찰했다. 그리고 기회를 포착해 불도저처럼 뛰어갔다. 감사히도 인터뷰에 흔쾌히 응해주시는 분들도 늘어났고, 유튜브 채널에서 보았다며 먼저 아는 척을 해주시는 분들 덕분에 자연스럽게 어깨도 으쓱 올라갔다. 게다가 목표했던 인터뷰어 팀을 훨씬 넘겼고, 며칠 뒤 인터뷰한 영상을 업로드했는데, 무려 100만 조회수가 나왔다. 그때 짜릿한 전율이 흘렀다.

무엇이든 거저 얻어지는 것 없었다. 만약 안 된다고 일을 철수했다면, 값진 결과도 얻지 못했을 것이다. 포기하고 싶은 그 순간 임계점을 넘길 수 있다. 그리고 그 결과물은 더욱 가치 있고 값진 기억으로 남는다는 사실을 깨달았다.

"야! 너 그럴 거면 집에 가! 그렇게 하는 게 아니라니까?"

처음 일을 시작할 때 인터뷰 일이 익숙지 않아 실수가 잦았다. 열심히 해도 마음처럼 잘 되지 않아 속상했다.

길거리 인터뷰에 가장 중요한 요소는 MC의 진행능력이다. 어설픈 진행력은 인터뷰를 하는 시민들의 집중력을 분산시키고, 주변 시선을 의식하면 영상 콘텐츠가 될 만한 진솔한 답변을 얻을 수 없었다. 그래서 내가 대본을 완벽하게 숙지해야 하는 것은 물론이요, 시민들이 완벽히 이 순간에 빠져들게 만드는 스킬이 필요했다. 내가 받은 대본은 질문지뿐 아니라 추임새까지 정해진 매뉴얼이 존재했다. 하지만 긴장할수록 더욱 실수가 잦았고, 그럴 때마다 듣게 되는 말들에 주눅이 들었다. 나의 미숙함과 마주해야 하는 며칠 전부터 가슴이 두근거렸다. 심지어 '차라리 아팠으면 좋겠다.'라는 생각까지 있을 정도였다.

그러나 나의 칠전팔기 인생! 여기서 포기할 수 없었다. "시작보다 끝이 더 중요하다"라는 말처럼, 그만두더라도 실력으로 제대로 인정받고 싶다는 오기가 생겼다. 내 초심을 되새기며, 새로운 마음으로 준비했다. 인터뷰 내용을 완벽히 숙지하기 위해 대본을 녹음해서 음악처럼 들었다. 인터뷰 영상을 수없이 돌려보며 나의 문제점을 파악했고, 개선하는 데 초점을 맞췄다. 그리고 MC의 롤모델을 정했다. "난 한국의 오프라 윈프리, 여자 유재석이다"를 매일 외치며 그들의 인터뷰 활약 장면이 담긴 영상을 찾아보았다. 그들의 성공전략을 분석했고 대사와 애티튜드 제스처와 눈빛까지 따라 해보며 마치 그 사람이 된 것처럼 행동해보기도 했다.

그러한 노력 덕분에 대본을 완벽 외우고 난 뒤 툭 치면 대사가 줄줄 흘러나올 정도였고, 수없이 많은 거절에도 나는 예전처럼 흔들리지 않았다. 인터뷰하는 순간만큼은 나는 이하율이 아닌 나의 롤모델처럼 프로페셔널한 MC라고 끊임없이 자기암시를 했다. 그 덕에 처음엔 "이전 인터뷰어가 더 좋아요", "왜 이렇게 뚝딱거려요!", "어설프고 별로다"라는 댓글 반응이었다면, 이제는 "실력이 많이 늘었네요! 언니 팬이에요!"라는 호평을 듣기 시작했다.

피땀 어린 노력은 배신하지 않았다. 조회 수만으로 800만이 나온 대박 영상도 생겼고, 급상승 인기 동영상에 오르며, 구독자 수는 끊임없이 상승 곡선을 그렸다. 무엇보다 짜릿했던 것은 완전 아마추어였던 내가 팀 내 에이스가 되어있다는 사실이었다. 전해 들은 바로는 맡은 일 이상으로 해내는 불도저 같은 모습에 감동했다고 한다. 만약 포기하고 싶은 순간, 일을 그만두었다면 어땠을까? 스스로 애물단지처럼 느껴졌지만, 훗날 청춘의 시기를 돌아보았을 때, "그 일은 어려웠지, 그래서 그만뒀어….".가 아닌, "까이기도 많이 까이고, 거절도 많이 당했지. 근데, 있잖아. 악착같이 하니까 결국 되더라!"라고 웃으며 말하고 싶었다. 해보지도 않고 포기하는 자신을 힘껏 응원할 수는 없을 것이다. 지금은 부족해 보여도 꾸준히 노력한다면 숨겨진 자신의 역량을 발휘할 기회를 얻을 수 있다.

===== 언제나 자신을 뜨겁게 응원할 수 있는 이유는
바로 이것이다!

결국, 거절 한 번에도 마음이 너덜거렸던 유리 멘탈인 나는 거절 천 번에도 아랑곳하지 않는 불도저가 되었다. 그때 촬영을 하며, 동고동락하며 끈끈한 정이 생긴 동료들과 지금도 만날 때마다 이런 이야기를 듣곤 한다.

"불철주야 거절에도 굴하지 않고 끝까지 나아가는 정신력을 많이 배웠어."

늘 용기 있는 태도가 회자되는 덕분에 나 스스로도 넘어진 자신을 뜨겁게 응원할 수 있게 되었다. 결국 이 일을 하며 얻게 된 가장 큰 보상은 "거절은 그래서 실패가 아닌 성공으로 가는 과정이며 곧 나만의 특별한 스토리가 될 수도 있다."라는 사실이었다.

거절이 천 번이더라도 1번 성공하면 결국 성공한 것이다. 그로 인한 성취감 또한 물질적인 것 이상을 넘어, 감동과 행복을 선물해 주었다. 나는 하루아침에 실직했지만, 사람은 마음만 먹으면 무엇이든 도전할 수 있다는 깨달음을 얻었고, "악착같이 최선을 다해봐야 후회도 없는 것이다."라는 중요한 교훈을 얻을 수 있었다.

사람을 끌어당기는
나만의 매력을 키우는 방법을 배운다

"우당탕탕! 500일간의 BJ 도전기"

그때는 알지 못했다. 이 도전이 그동안 살아온 인생에서 가장 달고, 쓴 경험이 될지. 나는 학창시절부터 사교성이 좋다는 이야기를 자주 들어왔다. 너는 어쩜 그리 긍정적이냐, 누구랑 다퉈본 적은 있느냐고 물어보는 사람도 있을 정도로 둥근 성격이었다. 그래서였을까, 나는 더 많은 사람들을 만나 긍정적인 에너지를 전하는 사람이 되고 싶었다.

어느 날 우연히 구인란에서 크리에이터를 모집한다는 공고를 보게 되었다. 한참 혼자 유튜브 채널을 운영하며, 자기계발 콘텐츠를 올리고 있던 시기였다. 크리에이터로서 역량을 키우는 또 하나의 기회가 될 거라고 생각했다. 그러나 회사 면접을 마친 뒤 나는 큰 고민에 빠졌다. 알고 보니 아프ㅇ카TV와 같이 1인 방송을 하는 사람을 뽑는 회사였고, 개인 방송에 대해 들어본 적은 있지만 한 번도 본 적 없었다. 찾아보니 연예인의 도화살 기질이나, 끼도 있어야 한다고 했다. 결국 나와 그 일은 한참 거리가 멀었다. 그러나 나는 더 많은 사람들과 만나 소통하며, 긍정적인 에너지를 전할 좋은 기회라는 생각이 들었다. 그래서 치열한 방송 시장에 도전장을 내밀었다.

부정적인 피드백을 받을 때, 나만의 긍정어 해석기를 돌려라!

나는 집과 먼 방송 스튜디오에 가기 위해 이사를 했다. 방송을 시작하기 전 1달간 매일 4시간씩 방송 프로그램과 장비 다루는 법을 배웠다. 1달이 지난 뒤, 첫 방송을 앞둔 나는 떨리는 마음으로 이 일을 시작한 초심을 되새겼다.

"새로운 시작이야! 사람들에게 긍정 에너지를 전해드리자!"

열정만큼은 세계 최고인 나였지만 4시간 뒤 나는 방송이 끝나자마자, 눈물을 펑펑 쏟고 말았다. 첫 방송에 나를 보러 온 시청자는 약 1천 명에 달했다. 채팅창은 끊임없이 올라갔고, 채팅들을 전부 읽기에는 나의 눈은 두 개뿐이었고, 소통이 되지 않은 시청자들은 나에게 화를 내거나, 답답하다며 욕을 했다. 게다가 몇몇 사람들은 "여기가 무슨 교육 방송이냐", "중학생은 가서 공부나 해라", "너 같은 애는 얼마 못 가" 등 내가 이 바닥에서 금방 사라질 거라고 말하며 독설을 하기도 했다. 방송에선 웃는 얼굴을 하고 있었지만, 방송을 끄면 부담감에 눈물부터 터져 나왔다. 대부분의 시청자분들은 좋은 말도 해주셨지만, 가시 같은 말들은 가슴 속에 깊이 박혔고, 매일 밤 나는 잠을 설쳤다. 이대로 그만두어야 하는 건지, 수백 번도 더 고민했지만, 신중히 내린 결정인 만큼 끝까지 해보고 싶었다. 그리고 앞으로는 어떤 모진 말을 들어도, 끄덕하지 않을 나만의 방패를 만들기로 결심했다. 그 방패는 바로 '긍정어 해석기'였다. 나는 그들이 말한 부정적인 피드백을 다른 시각에서 해석하기 시작했다. "너 같은 애는 얼마 못 가"라는 말은 "나 같은 애는 이곳에서 희소하다. 그래서 더욱 특별하다"라고 해석했고, "여기가 무슨 교육 방송이냐!"라는 말은 "누구나 볼 수 있는 건전한 방송"이라고 내 나름대로 긍정적인 해석을 하며, 마음을 다독였다. 똑같은 말도 스스로 어떻게 해석하느냐에 따라 느낌이 완전히 달라졌다. 덕분에 부정적인 피드백을 들어도, 오히려 나에게 도움이 될 수 있는 효과적인 사용법을 찾게 되었다.

사람들이 나를 떠올렸을 때 가장 먼저 생각나는 것, '나만의 트레이드 마크'

다른 방송자들을 유심히 보니 다 자기만의 고유한 캐릭터와 콘셉트가 있었다. 코믹, 섹시 콘셉트, 옆집 언니·오빠 같은 친근한 콘셉트 등 그 사람을 떠올렸을 때 느끼는 이미지가 존재했다. 나는 사람들이 나에게 했던 모든 피드백들을 조합해 나만의 새로운 콘셉트를 만들었다. 그리고 이 바닥에 없던 '어른이 유치원'이라는 콘셉트를 잡았다. 어른들도 때론 동심이 필요하다. 그래서 나는 방송에서 동화책을 읽기 시작했다. 다 큰 어른이 무슨 동화책을 읽냐 물을 수 있다. 그러나 《흥부와 놀부》 동화책 속엔 "선하고, 착하게 살자"라는 교훈이 있고, 《돼지 삼형제》엔 "무시무시한 늑대도 물리칠 수 있는 단단한 나만의 벽돌집을 쌓자"라는 중요한 메시지가 들어있다. 오히려 어른이기에, 한 번 더 생각해보는 스토리가 많다. 그리고 동화 속 해피엔딩은 퍽퍽해졌던 마음에도 다시 살아갈 용기를 불어넣을 수 있다. 물론 처음에는 시청자들도 호불호가 갈렸다. "어릴 적 생각이 난다.", "왠지 모르게 마음이 편안해진다."와 같은 긍정적 피드백도 있던 반면, 부정적인 피드백도 있었다. "집어치워라", "내가 어린 앤 줄 아느냐?", "지루하다" 등이다.

그러나 나는 피드백을 유연하게 받아들여 발전할 방법을 찾았다. '동화구연 자격증'과 '손유희 자격증' 과정을 공부하며, 동화구연을 전문적으로 배웠다. 1인 다역을 하며 역할에 따른 목소리 변화, 연기, 톤과 강약 조절을 더하며 이야기의 생동감을 키워나갔다. 새로운 시도를 하기 위해서는 적어도 그 분야의 최고가 되어야 한다는 마음가짐으로 공부했다. 덕분에 시간이 지나 자격증도 획득하고, 초반엔 부정적인 피드백을 주셨던 분들도 "오~, 은근 중독성 있는데?", "동화구연 대회 나가도 되겠다.", "처음으로 우리 아들이랑 방송을 함께 본다."라고 말하며 긍정적인 피드백을 해주셨다. 덕분에 동화책 읽기는 나의 방송에 트레이드 마크가 되었다.

======== 세상에서 가장 짜릿한 일은,
        남들이 안 된다고 말한 그 일을 해내는 것이다!

이후로도 나는 다양한 도전을 했다. 시청자들은 방송을 그냥 보는 것이 아니라 나와 함께 움직였다. 체육 시간엔 어릴 적 배운 국민체조를 함께하고, 음악 시간엔 리코더를 함께 불었고, 어린 시절이 떠오르는 추억의 동요 부르기, 미술 시간에는 색연필과 크레파스를 이용해 쉬운 캐릭터 그리기 수업, 수화 배우기 시간까지 있었다. 방송 기념일에도 모두 함께할 수 있는 콘텐츠를 진행했다. '나를 칭찬해요' 대회와 '나의 장점을 자랑해요' 축제를 열었다.

처음엔 '이게 뭐지?'했던 시청자들도 어느새 웃으면서 자신을 칭찬하고, 장점을 찾으며 새로운 감정을 느끼기 시작했다. 단지 일회성으로 소비되는 콘텐츠가 아닌, 시청자도 방송을 보며 오래 기억하고, 얻어가는 것이 있으면 하고 바랐다. 덕분에 얼마 못 갈 것이라고 호언장담했던 사람들의 말에 무색하게 나는 500일간 개인 방송을 했다. 게다가 방송했던 플랫폼인 셀럽TV에선 대표 교육 방송이라는 재밌는 별명도 함께 얻었다. 그리고 애청자 수는 무려 5천여 명이나 달성하게 되었다. 처음 방송을 시작했을 때와 비교하면 장족의 발전이었다.

======== 가장 중요한 건 상대방을 향한 진심이다

방송이 끝나고, 나에게 한 통의 편지가 날아왔다. 그 속엔 이런 사연이 담겨 있었다.

"저는 사업 실패 후 사회와 단절되어 혼자였습니다. 어려운 시기에 우연히 본 방송을 통해 제 삶에도 조금씩 변화가 찾아왔습니다. '나는 나를 사랑해', '나는 무엇이든 할 수 있어'라고 말하는 하율 님의 목소리가 무엇보다 저에게 큰 힘이 되었습니다."

나에게 쪽지를 보낸 그분도 용기를 얻어 세상 밖으로 나왔다. 어린 시절 꿈을 다시 꾸며 실현하기 위해 가까운 문화센터부터 다니는 중이라고 했다. 새로운 마음으로 새로운 도전을 시작한 그분의 사연을 듣고 가슴이 벅찼다. 그동안의 일들이 파노라마처럼 스쳐 지나갔다. 매일 같은 시간 나를 찾아주시는 시청자분들께 감사한 마음을 갖고 있었다. 그래서 조금 더 특별한 이벤트를 기획했고, 그 일은 바로 매일 같은 시간에 '자신에게 좋은 말을 하기'였다. 숫자 4가 세 번 들어간 4시 44분에는 "나는 나를 사랑해"라고 함께 이야기하는 시간을 가졌고, 5시 25분에는 "나는 할 수 있어"라고 시청자 한 분 한 분 이름을 불러드리며 말했다. 처음엔 자신에게 그런 말을 하는 게 쑥스럽다며 도망가는 분도 계셨지만, 매일 반복하다 보니 사람들은 변화하기 시작했다. 긍정적인 피드백이 쏟아졌다.

"방송 중 이 시간을 가장 기다렸어요"

"주변 사람들이 제가 밝아졌대요"

"이 시간만 되면 '나는 나를 사랑해'라고 외쳐요!"

"왠지 자신감이 생겼어요"

덕분에 함께했던 시간은 더욱 빛났고, 나 또한 그 시기에 만들 수 있는 가장 값지고 귀한 추억이 남을 수 있었다.

사람의 매력은 마음 먹기에 따라
얼마든지 계발될 수 있다

'매력'은 단지 얼굴이나 체형, 스타일에서 나타나는 외형적인 면에 국한된 것이 아니다. 매력은 그 사람의 성격, 특성, 분위기가 될 수 있다. 예를 들어, 사람과 함께 있을 때 알 수 있는 성격적 특성이 매력이 된다. 배려심, 유머 감각, 매너, 긍정적인 마음, 친절이 될 수 있다. 그리고 불특정 다수에게 보이는 매력도 좋지만, 친해지고 싶은 소수에게 내 매력을 어필할 수도 있다. "그 사람은 말을 참 잘 들어줘", "함께 있으면 편안해"라고 상대방이 느낄 만한 경청 또한 내가 가진 특별한 매력이 된다. 또 비슷한 관심사나 취미를 가진 사람을 만나면 더욱 흥미를 느낀다. 사람 간의 연결을 강화하는 유대감이 형성된다.

따라서 관심사나 취미도 사람의 매력을 더해주는 요소이다. 매력은 인간관계나 사회적 상호작용에서 중요한 역할을 한다. 매력 있는 사람에게 사람들은 자석처럼 이끌린다. 그 사람은 어떤 만남에서도 자신감이 있고 당당하다. 매력은 타고날 수도 있지만, 마음먹기에 따라 계발될 수 있다. 내가 가진 다양한 특성 중 한 가지에 집중해 매력을 키워보자. 우리 모두 매력 뿜뿜! 매력쟁이가 될 수 있다.

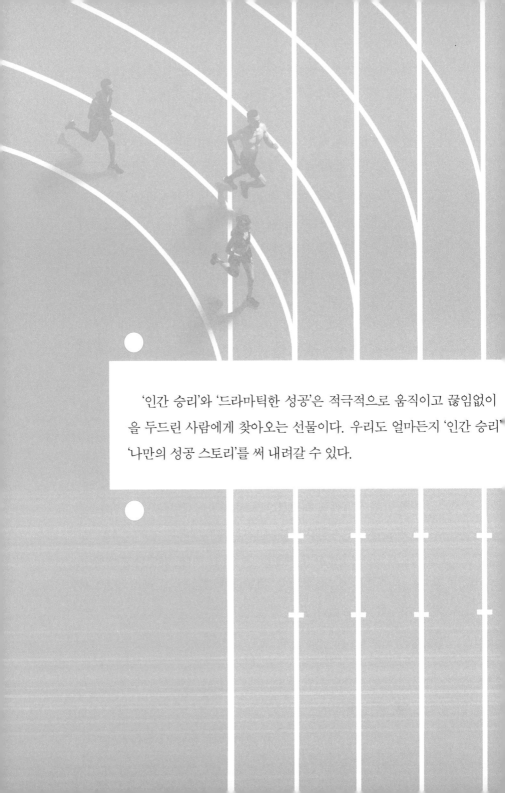

'인간 승리'와 '드라마틱한 성공'은 적극적으로 움직이고 끊임없이 을 두드린 사람에게 찾아오는 선물이다. 우리도 얼마든지 '인간 승리' '나만의 성공 스토리'를 써 내려갈 수 있다.

리미티드 에디션, 바로 그 사람!

1. 공근식 박사 : 수박 농사꾼, 물리학 박사가 되다! • 99

2. 장원준 대표 : 욕심을 버리든가, 욕심만큼 뛰든가! • 103

3. 드로우 앤드류 : 나의 무대는 내 손으로 직접 만든다! • 106

공근식 박사 : 수박 농사꾼, 물리학 박사가 되다!

(대한민국 전설의 만학도)

숨어있는 나의 적성 찾기

요즘 커뮤니티에서 자주 보이는 질문이 있다.

"하고 싶은 게 뭔지 모르겠어요."

"좋아하는 일을 찾았는데 주변에선 늦었다고 하네요."

"이 일을 시작해도 괜찮을까요?"

자신의 적성에 맞는 일을 찾는 것은 인생에서 매우 중요한 일이다. 인생의 절반 이상을 일하며 살아가기에, 우리가 좋아하고 잘하는 일을 찾아 그 일로 성공할 수 있다면, 더 큰 행복과 성취감을 느끼며 살 수 있을 것이다. 그러나 좋아하는 일을 찾고, 그 일을 잘하는 데까지 나아가는 것은 용기가 필요한 과정이다. 자신을 위한 새로운 시작점에 놓인 분들에게 이 이야기를 꼭 들려주고 싶다.

무엇인가 시작하기에 늦은 나이란 없다

공근식 씨는 전설적인 만학도다. 30대가 훌쩍 넘어서 검정고시를 보았고, 50대에 박사 과정을 수료했다. 그는 원래부터 공부에 관심이 많았던 것은 아니다. 고등학교 시절, 공부가 재미없어 중퇴한 후 부모님과 함께 수박 농사를 지으며 동생들을 대학에 보냈다. 시간이 흘러 30대가 된 그는 "그래도 고등학교 졸업장은 따고 싶어!"라는 결심을 하게 된다. 대전의 성은야학에 찾아가 기초부터 다시 배우기 시작한 그는, 늦은 만큼 배움에 대한 열정이 컸고, 일과 공부를 병행하며 주경야독을 할 수 있었다. 그 결과, 그는 검정고시를 통해 고등학교 졸업 학력을 인정받았다.

간절한 마음으로 한다면,
좋은 귀인도 찾아오기 마련이다

늦게 시작했지만 간절한 마음으로 공부한 덕에 귀인이 찾아왔다. 자원봉사자였던 한 대학원생이 그였다. 공근식 씨가 야학에서 검정고시를 준비하던 중, 카이스트 물리학 박사과정을 밟고 있던 대학원생과의 만남이 그의 인생을 바꾸는 계기가 되었다. "저도 선생님처럼 대학교에 가서 물리학을 배우고 싶습니다!"라는 고백에, 자원봉사자는 그의 열정을 보고 진심 어린 격려를 해주었다. 그 덕분에 공근식 씨는 30대 중반에 대학교에 입학하게 되었다.

그리고 배재대의 박종대 교수님과의 만남이 또 다른 운명적인 기회를 가져다주었다. 교수님은 그의 물리학에 대한 이해가 남다르다는 것을 알아보고 카이스트에서 청강할 기회를 추천해주었다. 처음에는 걱정했지만, 교수님의 격려 덕분에 그는 카이스트에서 2년 가까이 강의를 청강하며 물리학에 대한 흥미와 전문 지식을 쌓을 수 있었다.

좋아하는 일을 찾으면, 위기도 기회로 만들 수 있는 용기가 생긴다

2002년, 태풍 루시로 20년 넘게 짓던 수박 농사가 망치고 말았다. 그러나 그는 농사 대신 공부를 선택했다. 동생들은 그의 도전을 적극 응원하며 "형님, 학비는 걱정 마세요. 이제 마음 놓고 공부하세요"라고 말했다. 공근식 씨는 두 동생을 대학까지 보냈고, 그동안 도움을 받은 동생들은 그가 공부하는 데 적극적으로 지원해주었다. 덕분에 41세의 나이에 물리학을 배우러 러시아 유학길에 오르게 되었다.

그러나 유학 생활은 쉽지 않았다. 처음 보는 러시아어가 너무 어려웠고, 1학기는 유급을 당했다. 하지만 그는 포기하지 않았다. 다시 준비하고, 러시아어 사전과 학습 교재를 사들여 치열하게 공부했다. 그렇게 3개월 뒤 다시 러시아로 향한 그는 5년 만에 수석 졸업이라는 영예를 안게 되었다. 학점은 전부 A+였고, 졸업 논문은 최우수 평가를 받으며 53세의 나이에 박사학위를 받을 수 있었다. 그의 도전은 뉴스를 통해 알려지며, 롤모델이 된 고등학생 2명이 러시아 유학길에 오르기도 했다.

현재 그는 극초음속을 연구하며 사람들에게 긍정적인 도움을 주는 것을 꿈꾸고 있다. 뒤늦게 자신의 적성을 찾은 공근식 씨는 매일 아침 도서관으로 출근하며 인터넷 강의를 듣고 하루를 알차게 보낸다.

▬▬▬▬ 우리도 인간승리! 나만의 성공 스토리를 쓸 수 있다!

공근식 씨의 이야기는 그만의 것이 아니다. 그는 고등학교 시절 공부에 흥미가 없어 자퇴했지만, 뒤늦게 자신의 적성을 찾았고, 지금은 공부가 세상에서 제일 재미있다고 말한다. 우리도 아직 좋아하는 일을 찾지 못했다면 공근식 씨처럼 적극적으로 부딪히며 마음이 끌리는 일을 찾아 그 일에 몰입할 수 있다. 처음부터 대학에서 인정받는 수석 장학생이 될 것으로 생각하지는 않았을 것이다. 그러나 꿈이 생기고 끝까지 물고 늘어졌기에 인생을 바꿀 기회와 인연을 만날 수 있었다.

이 이야기를 통해, '이 일을 시작하기에 늦지 않았을까?', '과연 내가 잘 해낼 수 있을까?'라는 걱정 대신, 내 마음의 소리에 따라 열심히 배워보자는 다짐을 할 수 있게 되었다. '인간 승리'와 '드라마틱한 성공'은 적극적으로 움직이고 끊임없이 문을 두드린 사람에게 찾아오는 선물이다. 우리도 얼마든지 '인간 승리'와 '나만의 성공 스토리'를 써 내려갈 수 있다. 용기 있게 원하는 일에 도전하고 배우며, 보람과 행복을 찾아가자.

장원준 대표
: 욕심을 버리든가, 욕심만큼 뛰든가!
(장가컴퍼니 CEO: 대한민국 열정의 아이콘)

======= 개척정신과 열정을 배우기

"와, 이 사람은 뭘 해도 성공하겠다."

주변에서 이런 말을 듣는 사람, 바로 장원준 대표다. 그는 대학 시절, 남들과 다를 바 없는 평범한 학생이었지만, 한 가지 남다른 점이 있었다. 그것은 바로 '패기'였다. 그는 한 번뿐인 청춘을 후회 없이 보내겠다는 마음을 품고 진주에서 부산까지 160㎞를 자전거로 종주하고, 돈 없이 떠나는 무전여행을 감행했다. 이러한 도전은 그에게 두려움과 함께 성취감, 그리고 감동을 안겨주었다.

그의 도전은 여기서 그치지 않았다. 그는 아프리카 스와질랜드에서의 봉사활동을 계획했다. 에이즈 발병률 세계 1위, 평균수명 40세라는 극한의 환경 속에서 그는 삶의 소중함을 깨닫고,

아이들에게 한글과 태권도를 가르치며 한국 문화를 전파했다. 벽돌집을 짓고, 밴드 공연과 합창단 활동을 통해 잊지 못할 추억을 쌓았다. 만약 그가 도전하지 않았다면, 이러한 경험은 결코 얻지 못했을 것이다. 또래 친구들이 취업 준비에 열을 올릴 때, 그는 속도보다는 방향을 중시하며 아프리카에서 1년간 자원봉사를 통해 삶의 의미를 찾았다.

명확한 목표에 몰입하다

한국으로 돌아온 장원준 대표는 대학교 자퇴를 결심하고, 요식업에 도전하기로 했다. 그는 식당에서 아르바이트를 시작하며 사장의 마인드로 열심히 일했고, 몇 개월 만에 매니저로 승진했다. 그러나 코로나19로 인해 음식점을 닫게 되는 위기를 맞았다. 그럼에도 불구하고 그는 긍정적인 마인드를 유지하며 배달 전문점으로 전환, 혼자서 운영하기 시작했다. "맛집 랭킹 3위 안에 들자!"라는 목표를 세우고, 밤 10시부터 새벽 4시까지 일하며 주문 수를 늘려갔다. 2개월 만에 목표를 달성하고, 3개월 만에 새 가게를 열게 되었다.

사업이 성장하면서도 어려움이 찾아왔다. 체인점이 늘어나고, 투자금을 받아 공장을 운영하게 되었지만, 자금이 바닥나고 빚이 생겼다. 그때 그는 과거의 힘든 경험을 떠올리며, "인생은 불행한 만큼 행복할 수 있다"라는 믿음을 되새겼다. 그는 SNS 마케팅을 활용해 재기에 성공하고, 경남에서 서울로 상경하여 마케팅 회사를 차렸다.

===== 리스크를 감수하고 도전하다

　장원준 대표는 작은 방에서 친구들과 합숙하며 하루 18시간을 일했다. 마케팅 법을 배우기 위해 수천만 원을 투자했지만, 첫 달에는 적자를 면치 못했다. 그러나 그는 주말 없이 일하며 성실함과 열정으로 회사를 성장시켰고, 반년 만에 월 매출 1억 원을 넘겼다. 작은 방에서 시작한 회사는 8개월 만에 90평 사무실로 이전하게 되었고, 수십 명의 인재들과 200여 개 업체와 거래하는 마케팅 회사로 성장했다. 그는 이제 소상공인들을 돕기 위해 강연을 다니며 선한 영향력을 전파하고 있다. "100% 성공하는 방법은 끝까지 포기하지 않는 것"이라는 그의 신념은 많은 이들에게 영감을 주고 있다.

　장원준 대표는 20대 청춘을 치열하게 보냈다. 배달 전문점, 음식점, 식공장 운영, 마케팅 회사 CEO, 강사로서의 삶을 통해 그는 수많은 장벽에 부딪혔지만, 그는 힘든 시기를 겪을 때마다 "하늘이 나에게 레벨 테스트를 하는구나. 레벨업 해보자!"라는 긍정적인 마음가짐으로 극복해 나갔다. 인생의 경험은 돈으로 살 수 없는 소중한 자산임을 깨달은 그는 해보고 싶은 일에 모든 것을 쏟아부으며 자신에게 성장할 기회를 주기를 권장한다.

　장원준 대표의 이야기는 우리에게 도전의 중요성과 긍정적인 마인드의 힘을 일깨워준다. 인생을 나답게 살아보고 싶다면, 그리던 꿈에 도전해보자.

드로우 앤드류(크리에이터, 사업가)
: 나의 무대는 내 손으로 직접 만든다!

===== 좋아하는 일로 성공하기

SNS는 지리적 제약을 뛰어넘어 전 세계 사람들과 자유롭게 연결될 수 있는 통로이다. 그러나 이와 동시에 다른 이들의 일상과 의견을 쉽게 접할 수 있어 성공과 행복의 기준이 나의 생각이 아닌 타인의 시선에 따라 변화할 위험이 있다. 남들이 원하는 것을 추구하다 보면, 비록 좋은 결과를 얻더라도 진정한 만족감을 느끼기 어렵다. 그래서 요즘은 다른 이들의 의견에 흔들리지 않고, 나의 소신껏 시도하는 것이 특별해진 세상이다. 이러한 시대에 '내가 좋아하는 일로 행복하게 일하며, 나답게 성공하기'를 몸소 실천하는 한 사나이가 있다. 그가 바로 드로우 앤드류다.

===== 내가 선택한 일에는 책임감을 갖고

직접 발로 뛰어보기

대학교 4학년 시절, "졸업 후 나는 무엇을 해 먹고 살지?"라는 고민에 빠진 앤드류는 우연히 대학교 도서관에서 미국 인턴십 모집 공고를 발견했다. 영어 점수나 공모전 입상 스펙이 없었지만, "일단 부딪혀보자"라는 마음으로 도전했다. 화상 면접을 거쳐 미국 LA의 한 한인회사에 취업하게 된 그는 기회를 얻은 만큼 최선을 다했다. 작은 문구회사에서 일하던 중, 제품 판매가 부진하자 그는 자발적으로 로컬 페어에 참여하고, SNS 마케팅을 활용해 제품을 홍보했다. 그 결과, 대형 미디어에 제품이 소개되며 판매량이 급증했고, 자신이 디자인한 제품이 뉴욕 맨해튼의 대형 편집숍에 진열되는 성과를 거두었다. 그는 예비 취준생에서 잘나가는 디자이너로 거듭났다.

나의 무대는 내 손으로 직접 만든다!

그러나 앤드류에게도 위기가 찾아왔다. 믿었던 회사에서 하루아침에 해고당한 것이다. 억울한 누명을 쓰고 오해를 받았던 그는 상실감에 빠졌지만, "내가 설 무대가 없다면 직접 만들자!"라는 결심을 하게 된다. SNS 계정을 운영하며 쌓은 경험 덕분에 마케팅에 자신이 있었던 그는, 이제는 영향력 있는 인플루언서가 되겠다는 목표를 세웠다. 다양한 콘텐츠를 연구하고, 이미 자리 잡은 인플루언서들을 벤치마킹하며 자신만의 입지를 다져갔다. 그렇게 그는 꿈에 그리던 인플루언서가 되었다.

스스로의 가능성을 한계짓지 않고, 다양한 시도를 거듭하기

"정말 이게 끝이라고? 아직도 나는 하고 싶은 게 너무 많은데!"

안정적인 직장에 들어가 생활 수준이 향상되었지만, 앤드류는 공허함을 느끼기 시작했다. 그는 자신에게 진정 원하는 것이 무엇인지 질문을 던졌고, "나는 여전히 도전해보고 싶은 일이 많다"라는 답을 얻었다. 그는 남들이 말하는 안정적인 생활보다 직접 부딪히고 도전하며 경험을 쌓고 싶어 했다. 그래서 그는 유튜브 시장에 도전장을 내밀었다. 퍼스널 브랜딩을 주제로 콘텐츠를 제작하기 시작했지만, 처음에는 영상 촬영과 편집이 쉽지 않았다. 그러나 그는 포기하지 않고, 자신감 없는 사람들에게 도움이 되고 싶다는 간절한 마음으로 계속해서 도전했다.

좋아하는 일에 몰입하다 보니, 이름 자체로 훌륭한 명함이 되어 있더라!

앤드류의 유튜브 채널은 날이 갈수록 구독자가 늘어났고, 그는 '퍼스널 브랜딩' 주제로 온라인 강의를 개설했다. 고객의 니즈를 연구한 덕분에 강의는 하루 만에 마감되는 폭발적인 반응을 얻었다. 그는 SNS를 활용한 퍼스널 브랜딩 방법에 대한 전자책을 출간하고, 대기업과의 협업 제안이 밀려들었다. "내가 좋아하는 일로 나도 성공할 수 있다"라는 확신을 얻은 그는 과거의 자신처럼 "내가 좋아하는 일로 행복하게 일하는 사람이 되고 싶다"

라는 마음을 가진 청년들에게 용기와 희망을 주고 있다.

직업이 아닌, 업을 찾아라!
당신의 Mission은 무엇입니까?

앤드류는 직업이 아닌 '업'을 가지라고 강조한다. 업은 'Mission'으로, 자신의 끌리는 일을 찾고 주변의 시선에 아랑곳하지 않고 꿋꿋이 해나가야 한다. "미래의 나는 무엇을 이루고 싶을까?", "내가 사람들에게 제공할 수 있는 가치는 무엇일까?"라는 질문을 던지며, 직접 발로 뛰어 탐색해보자. 그렇게 하면 자신이 가진 재능과 능력을 세상에 마음껏 발휘할 수 있는 날이 올 것이다.

드로우 앤드류의 이야기는 우리에게 좋아하는 일을 통해 성공할 수 있다는 희망을 준다. 그가 보여준 도전과 열정은 많은 이들에게 영감을 주며, 각자의 길을 찾는 데 큰 힘이 될 것이다.

단 한 번뿐인 인생, 스스로 만족할 만한 일들을 많이 만들어보면 더 좋지 않을까? 인생의 가치는 우리가 매일 어떤 선택을 하느냐에 달려 있다.

PART. 3

리미티드 에디션 실행하기

Chapter. 1 변화에 대한 두려움을 설렘으로 바꾸는 방법

Chapter. 2 긍정적인 자아 이미지 만들기

Chapter. 3 유리 멘탈을 강철 멘탈로 바꾸는 비결

Chapter. 4 사람을 끌어당기는 매력적인 존재가 되는 방법

Chapter. 5 탱탱볼 같은 회복탄력성을 키우는 방법

Chapter. 6 최고의 나를 이끌어내는 방법

Chapter.1

변화에 대한 두려움을
설렘으로 바꾸는 방법

삶의 끝점에서 생각하기
: '임종체험'

"인생에서 가장 행복했던 추억을 떠올려보세요."

이 질문이 던져지자, 내 마음속의 무거운 짐이 조금씩 내려가는 듯했다. 심각했던 표정은 사라지고, 내 영정사진에는 밝은 미소가 담겼다. 검정 리본이 둘린 사진을 바라보며 가슴이 뭉클해졌다. 풀코스 마라톤에 도전할 당시, 큰 부상으로 인해 아무것도 할 수 없었던 그동안의 시간은 나를 무기력하게 만들었지만, 이제 더는 손 놓고 바라볼 수만은 없었다. 임종 체험관에 들어서자, 주변은 온통 어둡고 깜깜했다. 유일하게 켜진 작은 촛불과 딱딱한 나무관, 그리고 유언장이 놓여 있었다. 참가자들은 시한부 선고를 받은 중년 남성의 다큐멘터리를 시청하며 그의 마지막 순간을 함께했다.

"고마워 여보."

"먼저 가서 미안해."

"다음 생엔 꼭⋯."

사랑하는 가족을 두고 떠나야 하는 그의 이야기는 내 가슴을 저릿하게 만들었다. 삶은 유한하다는 사실을 다시 한번 되새기게 되었다. 곧 유언장을 작성하는 시간이 되었다. 살아온 인생을 되돌아보니, "지나고 보니 모든 자리가 꽃자리"라는 말이 떠올랐다. 힘든 순간도 나를 성장시켜준 고마운 경험이었다. 나무관에 들어가기 전, 흰 수의를 입었다. 수의에는 그 흔한 주머니 하나 없었다. "빈손으로 태어나, 빈손으로 간다."라는 말처럼 물질적인 것은 손에 들고 갈 수 없지만, 우리가 살아온 경험과 소중한 이들과 함께한 추억은 가슴 속에 담아갈 수 있다는 사실을 깨달았다. 이제 나무관 안으로 들어간다. 세상에 혼자 남겨진 듯한 기분이 들었다. 새로운 도전은 누구나 두렵지만, 이 좁은 관에서 나간다면 무엇이든 할 수 있을 것 같은 기분이 들었다. 더 이상 내가 할 수 없는 일에 나를 소진시키지 않기로 결심했다. 대신 원하는 것에 집중하고 이 위기에서 벗어날 방법을 찾기로 했다.

10분 뒤, 관이 열리자 밝은 세상과 다시 마주한 나는 마치 새로 태어난 기분이었다. 용기를 내어 재활운동을 시작했고, 1년 뒤 드디어 꿈에 그리던 마라톤 풀코스를 완주할 수 있게 되었다.

이 경험을 통해 나는 생각 전환의 힘을 깨달았다.

"내가 진정으로 원하는 것은 무엇일까?"

"이 상황에서 내가 할 수 있는 것은 무엇일까?"

이러한 질문을 던지면 어떤 상황에서도 새로운 가능성을 발견할 수 있다. 변화에 대한 두려움을 설렘으로 바꾸는 것은 결국, 자신이 하는 선택에 달려 있다. 삶의 끝점에서 바라보면 매 순간은 자신 안에 숨겨진 잠재력을 발휘할 기회이다. 두려움은 두려움일 뿐, 우리를 가로막는 장애물이 될 수 없다.

═══ 생각 전환의 힘
: 긍정적인 질문을 통해 상황을 바꾸자!

옛날 한 마을에 두 마리 늑대가 살고 있었다. 한 마리는 긍정 늑대, 다른 한 마리는 부정 늑대였다. 이 두 늑대는 매일같이 한 소년의 마음속에서 치열한 싸움을 벌였다. 부정 늑대는 소년에게 이렇게 속삭였다.

"너는 할 수 없어. 실패할 거야. 그만둬."

반면 긍정 늑대는 소년에게 힘을 주었다.

"너는 할 수 있어! 너의 꿈을 믿어! 실패는 배움의 기회야."

긍정 늑대의 목소리는 소년의 마음속에서 희망의 불꽃을 피워올렸다. 어느 날, 소년은 두 늑대의 싸움을 지켜보며 중요한 깨달음을 얻었다. "내 마음속에서 어떤 늑대를 키우느냐에 따라 내 삶이 달라지겠구나!"

그는 긍정 늑대를 선택했고, 긍정적인 생각을 통해 도전하고 성장하며 결국 자신의 꿈을 이루게 되었다.

이 우화처럼, 우리 마음속에서도 긍정과 부정이 끊임없이 싸우고 있다. 부정적인 질문은 부정적인 결과를 낳는다. "왜 나는 이럴까?"라는 질문은 스스로를 비난하게 만들고, 상황을 더욱 악화시킨다. 반면, "이 기회를 어떻게 활용할 수 있을까?"라는 질문은 새로운 가능성을 열어준다. 긍정적인 질문은 우리에게 힘을 주고 상황을 변화시키는 원동력이 된다.

여기서 중요한 역할을 하는 것이 바로 두뇌의 RAS(신경망 활성화 시스템)이다. RAS는 우리가 중요하다고 믿는 것에만 집중하게 만드는 뇌의 여과 장치 역할을 한다. 예를 들어, 헤어스타일을 바꿀 때쯤 되면, 우리의 생각은 자연스럽게 그곳으로 쏠린다. RAS는 "자, 주의 집중! 주인님이 헤어스타일에 관심이 있대!"라고 외치며, 길거리를 걷다가도 사람들의 헤어스타일만 눈에 쏙쏙 들어온다. 이렇게 우리는 스타일에 대한 정보를 열심히 수집한 뒤, 가장 마음에 드는 헤어스타일로 변신하게 된다.

도전할 때도 마찬가지다. "이 도전이 나에게 주는 이로움은 무엇일까?"라는 질문을 던지면, 우리는 긍정적인 시각으로 상황을 바라보게 된다. 긍정적인 질문은 우리의 RAS를 활성화해 새로운 기회와 가능성을 발견하게 만든다. 결국, 우리의 삶은 우리가 선택한 질문에 따라 달라진다. 긍정적인 질문을 통해 마음속의 긍정 늑대를 키우고, 도전과 성장을 끌어내는 것이야말로 진정한 변화의 시작이다. 긍정적인 질문을 통해 상황을 바꾸고, 삶의 주인공이 되어보자.

부정적인 생각의 늪에서 벗어나기
: 생각을 환기하는 법

부정적인 생각의 늪에 빠질 땐, 환기가 필요하다.

첫 번째 방법은 여행이다. 생각 환기가 필요할 때 자연 속으로 훌쩍 떠나보는 것도 좋은 방법이다. 새로운 풍경과 마주하고 자연의 소리를 들으며, 마음을 해방시키는 것은 부정적인 생각을 잊게 해준다. 연구에 따르면, 자연 속에서 시간을 보내는 것은 스트레스를 줄이고 기분을 개선하는 데 효과적이다. 자연 속에서의 활동이 심리적 웰빙을 증진시킬 수 있다.

두 번째 방법은 임종체험을 해보는 것이다. 삶의 끝자락에서 자신의 가치와 의미를 되새기는 것은 매우 중요한 경험이다. 임종체험은 우리가 진정으로 소중히 여기는 것이 무엇인지 깨닫게 해준다. 이러한 경험은 현재의 삶에 대한 감사함을 느끼게 하며, 개인의 삶의 목표를 재정립할 수 있게 돕는다.

세 번째 방법은 영화 감상이다. 필자가 추천하고 싶은 영화는 〈라스트 홀리데이〉(파라마운트, 2006)이다. 주인공은 살날이 몇 주 남지 않았다는 청천벽력 같은 선고를 듣고, 죽기 전 꼭 하고 싶었던 버킷리스트에 도전한다. 이 이야기는 도전과 용기의 중요성을 일깨워주며, 자신의 진정한 열망을 따르는 것이 얼마나 중요한지를 보여준다. 이를 통해 우리는 지금 당면한 문제를 긍정적인 시각으로 바라볼 힘을 얻을 수 있다.

마지막 방법은 다른 사람을 돕는 것이다. 누군가에게 도움을 줄 수 있다는 것은 큰 축복이다. 헌혈, 자원봉사, 또는 지역 사회의 어려운 이웃을 돕는 작은 행동들이 우리의 정서에도 긍정적인 영향을 미친다. 연구에 따르면, 타인을 돕는 행동은 개인의 행복감을 증가시키고 삶의 의미를 느끼게 한다. 누군가에게 도움을 줄 때, 우리는 자신의 가치를 느끼고 삶의 소중함을 다시금 깨닫게 된다.

결국, 부정적인 생각의 늪에서 벗어나기 위해서는 다양한 방법을 시도해보는 것이 중요하다. 이러한 방법들은 단순한 일상에서 벗어나 모두 우리의 마음을 환기하고 삶의 긍정적인 면을 다시 바라보게 해준다.

▅▅▅▅▅ 단 한 번뿐인 인생, 끝점에서 배운 삶의 가치

임종체험을 할 때 내가 관 속에서 살면서 가장 두려웠던 순간이 떠올랐다. 그날은 20년 전, 내가 가족과 함께 바다에 놀러 갔을 때였다. 튜브를 타고 신나게 물놀이를 하던 중, 갑자기 거대한 파도가 휩쓸어왔다. 튜브는 180도로 뒤집혔고, 수영을 배운 적 없는 나는 완전히 패닉에 빠졌다. 바닷물이 입과 코로 쏟아져 들어오고, 숨이 턱 끝까지 차올랐다. 그 순간, 내 인생이 여기서 끝나는 줄만 알았다. 하지만 기적적으로 나를 발견한 사람들에게 무사히 구출될 수 있었다.

그 사건 이후, 나는 중요한 사실을 깨달았다.

"이번 생은 단 한 번뿐이다!"

만약 그때 내 인생이 끝났다면 어땠을까? 새로운 도전을 해볼 기회도 모두 사라지지 않았을까? 그날의 경험은 단순한 사고가 아니라, 큰 교훈을 준 인생의 전환점이 되었다. 그 후 나는 수영을 배웠고 덕분에 물에 대한 공포증을 극복할 수 있었다. 만약 지금 당신의 가슴이 뛰고 있다면, 숨을 쉬고 있다면 희망이 존재한다는 의미이다. 삶의 끝점에 이르기 전까지 우리는 무엇이든 시도해볼 수 있다. 이제는 더 이상 미루지 말아야 한다. 오늘이 바로 그 시작이다.

임종체험 중 선생님께서 마지막으로 해주신 이야기가 떠오른다. '임종 직전 사람들이 후회하는 일 7가지'에 대한 이야기이다. 첫 번째는 '사랑하는 사람에게 더 많은 시간을 주지 못한 것', 두 번째는 '자신의 꿈을 좇지 못한 것', 세 번째는 '진정한 자신으로 살지 못한 것', 네 번째는 '용기를 내지 못한 것', 다섯 번째는 '사소한 일에 집착한 것', 여섯 번째는 '모험을 하지 않은 것', 일곱 번째는 '지금 이 순간을 즐기지 않은 것'이다.

이 문장들 중 어떤 것이 가장 가슴에 와닿는가? 단 한 번뿐인 인생, 스스로 만족할 만한 일들을 많이 만들어보면 더욱 좋지 않을까? 인생의 가치는 우리가 매일 어떤 선택을 하느냐에 달려 있다. 그러니 두려움을 떨치고, 사랑하는 사람들과의 시간을 소중히 여기며, 자신의 꿈을 좇는 용기를 내보아야 한다.

미쳐야
나를 이기는 내가 된다!

═════ 남들이 미쳤다고 하는 일에 도전할 용기

인생에서 가장 두려운 순간은 새로운 도전을 앞두고 망설일 때이다. "이 일이 과연 가능할까?"라는 질문이 머릿속을 맴돌며 발목을 잡는다. 하지만 그 망설임이 나를 가두는 감옥이 될 수 있다는 사실을 깨달아야 한다. 나는 남들이 미쳤다고 하는 도전에 뛰어들었다. 그것은 바로 혹한기 맨몸 마라톤 대회였다. 수족냉증이 있는 나에게는 더욱 극단적인 도전이었다. 그런데도 나는 불가능한 이유를 찾기보다 어떻게든 해낼 방법을 모색하기로 했다.

새벽 6시, 반소매와 반바지를 입고 달리기 연습을 시작했다. 집에 돌아오면 손발이 붓고, 마치 빨간 고무장갑을 낀 듯한 모습이었지만, "인간은 적응의 동물이다."라는 믿음으로 계속해서 연습을 이어갔다. 시간이 흐르면서 추위는 점차 익숙해졌다.

드디어 1월 1일, 대회 당일이 다가왔다. 2천 명의 알몸 마라토너들 사이에서 나는 그저 한 사람에 불과했다. 출발신호가 울리자, 누가 먼저랄 것 없이 총알처럼 튀어 나갔다. 영하 10도의 날씨 속에서 긴장과 추위로 온몸이 덜덜 떨렸지만, 꾸준한 연습 덕분에 나는 무사히 완주할 수 있었다. 물론 경기가 끝난 뒤에는 호된 감기에 걸려 고생했지만, 그마저도 소중한 추억으로 남았다.

이 경험은 나의 인생에서 가장 기억에 남는 순간 중 하나가 되었다. 이 도전은 나에게 어떤 일에도 두려워하지 않는 용기를 주었다. 대학교에 복학한 후, 나는 내 활동 범위를 한정 짓지 않고 다양한 흥미를 찾아 나섰다. 여러 가지 활동을 통해 내가 좋아하고 잘하는 일이 무엇인지 알게 되었다. 사람은 색다른 시도를 할수록 새로운 시작에 대한 마음속 장애물이 사라진다. 나 역시 처음부터 확신을 가지고 시작한 것은 아니었지만, 막상 도전해보니 생각보다 어렵지 않았다. 모든 일은 사람의 마음 먹기에 달려 있다. 스스로의 능력을 제한하지 말고, 색다른 도전을 통해 나의 가능성을 키워나가자. 자신감은 망설이고 물러서기보다 한 발자국 내디딜 때 쌓여가는 것이다. 그러니 두려움을 떨치고, 새로운 도전의 문을 열어보자.

사자의 도전정신을 일깨운 힘
: 과거의 성공 경험 떠올리기

옛날 한 숲속에 어린 사자가 있었다. 그는 새로운 도전에 대한 두려움으로 가득 차 있었지만, 어느 날 숲의 가장 높은 언덕에 오르기로 결심했다. 그 길은 위험했지만, 과거의 용감했던 순간들이 그의 마음속에 떠올랐다. 커다란 곰과 싸움, 친구들을 지키기 위한 위험 감수 등, 과거의 성공 경험이 그의 마음에 다시 불을 지폈다. 결국, 사자는 높은 언덕으로 나아갔고, 그곳에서 아름다운 경치를 보며 큰 성취감을 느꼈다. 이 이야기는 변화와 도전에 대한 두려움이 생길 때, 우리의 과거를 돌아보며 용기를 찾을 수 있다는 것을 보여준다. 이제, 당신도 사자처럼 과거의 성공 경험을 떠올려보자. 다음의 질문들을 통해 잊고 있던 대담한 면모와 용기를 되찾는 계기가 될 것이다.

1. "어린 시절, 처음 스스로 이룬 성취는 무엇인가? 그때의 기분은 어땠는가?"

정말 소소한 성공 경험도 좋다. 혼자 옷 입기, 신발 끈 묶기 등, 당신의 첫 성공 경험은 그 자체로 소중하다. 그것을 시작으로 여러 성공들이 쌓여 현재의 당신을 만들어왔음을 되새겨보자.

2. 가장 자랑스러운 상이나 칭찬을 받았던 순간은 언제인가?

당신이 목표를 향해 어떠한 노력을 했는지, 그 노력의 결과가 무엇이었는지를 떠올려보자. 최선을 다해 이룬 경험을 통해 당신의 가능성과 도전이 지닌 가치를 되새길 수 있다.

3. 친구나 가족을 위해 특별한 일을 해냈던 경험이 있는가?

그때 주변의 반응과 당신의 기분은 어땠는가?당신의 새로운 시도가 다른 사람에게 긍정적인 영향을 미쳤던 순간을 생각해보자. 자신의 행동이 타인에게 기쁨과 즐거움을 전해준다면, 새로운 도전에 대한 의지와 동기부여를 얻을 수 있다.

4. 다른 사람들과 함께 무언가를 해낸 순간은 언제인가?

그 순간 발휘된 당신의 능력은 무엇이었는가? 사람들과의 협력 과정에서 당신은 어떤 역할을 맡았는가?이는 자신이 가진 능력을 인식하고, 새로운 도전에서도 활용할 수 있는 방법을 찾는 데 도움이 된다.

5. 가장 좋아하는 취미 생활을 할 때 느꼈던 성취감은 무엇인가?

예를 들어, 스포츠 활동에서 예상치 못한 승리를 했을 때의 성취감, 그림을 그리고 난 뒤 완성된 작품을 보며 느꼈던 보람을 떠올려보자. 이처럼 새로운 도전에서도 가벼운 마음으로 접근해볼 수 있다. 오히려 이는 예상치 못한 기쁨과 소소한 즐거움을 발견하는 기회가 될 수 있다.

6. 인생에서 가장 힘들었던 순간은 언제인가? 그리고 그 힘든 시기를 극복했을 때, 어떤 기분이 들었는가?

사람은 힘든 순간에 성숙된다. 마치 억겁의 시간을 견뎌야 비로소 진주가 되듯, 어려움을 겪고 극복하면서 정신적으로 더 강해질 수 있다. 내면의 힘은 앞으로의 도전에도 부딪혀볼 용기를 전해줄 것이다.

7. 두려움을 극복하고 도전했던 경험은 무엇인가?

그 일을 통해 얻은 교훈은 무엇인가?누구나 새로운 도전은 생소하고 쉽지 않다. 망설이고 두려워하는 것이 당연하다. 그러나 과거의 경험을 통해 그럼에도 불구하고 한 발자국 더 나아갈 때 얻는 것을 되새기면, 이번 도전 역시 그가 주는 이로움을 먼저 떠올릴 수 있다. 이는 내 안에 잠든 열정과 자신감을 일깨워주는 계기가 된다.

이 질문들은 당신의 과거를 돌아보게 하고, 그 속에서 도전의 원동력을 찾게 해준다. 사자가 높은 언덕에 오르며 느낀 성취감처럼, 당신도 과거의 성공 경험을 통해 새로운 도전에 대한 용기를 얻을 수 있다. 도전은 두려움이 아닌 성장의 기회임을 잊지 말자.

나는 할 수 있다! 긍정적인 말의 힘

새해 첫날, 이른 아침의 혹한 속에서 2천 명이 넘는 사람들이 모여 알몸 마라톤에 참가하는 모습을 보며 놀라움을 금치 못했다. 그들은 함께 "나는 할 수 있다!"라고 외쳤다. 그 한마디는 단순한 구호가 아니었다. 그것은 우리를 단결시키고, 살이 에는 듯한 추위마저 견딜 수 있게 만들었다. 이처럼 어떤 상황에서도 자신이 내뱉는 말은 상황을 극복할 수 있는 강한 힘을 만들어낸다. 긍정적인 언어는 긍정적인 삶을 창조하는 첫걸음이다.

연구에 따르면, 긍정적인 언어는 우리의 감정과 뇌 파동에 직접적인 영향을 미친다고 한다. 긍정적인 감정 상태는 뇌의 처리 능력을 향상하고, 이는 더 나은 성과로 이어진다. 도전에 앞서 긍정적인 말을 하는 것은 매우 중요하다.

"좋아! 해보는 거야!"

"가슴이 설레는 걸!"

"눈부신 기회로 만들어보는 거야, 신난다!"

이러한 마음을 고양하는 말들은 기분을 바꾸고, 행동을 적극적으로 변화시킨다. 지금, 긍정 확언을 소리 내어 읽어보자. 그리고 어떤 기분으로 변화하는지 느껴보자. 만약 확언에 대한 확신이 없다면, 반복하고 싶은 확언을 적어두고 자주 읽어보자.

- "나는 든든한 나의 편이다."
- "나는 언제나 활기차고 희망에 차 있다."
- "나는 날마다 점점 더 성장하고 있다."
- "나에게 점점 더 좋은 일이 찾아온다."
- "나는 나의 재능을 활용해 꿈을 이루는 사람이다."

"말은 우리의 경험들을 꿰는 실을 만든다."

올더스 헉슬리의 말처럼, 긍정적인 말은 습관이 되어야 한다. 밥을 먹고, 양치하는 것처럼, 습관적으로 긍정적인 말을 자신에게 들려줘야 한다. 긍정적인 말은 돈이 들지 않지만, 그 이상의 가치를 지닌다. 나에게 힘을 북돋아 주는 말을 반복하자. 습관처럼 읽다 보면 자연스럽게 생각과 행동도 점차 긍정적으로 변화할 것이다.

"나는 자신감 있는 사람이다."

"나는 축복받았다."

"나는 오늘 성공을 선택한다. 그래서 성공은 나의 것이다."

이러한 확언들은 당신의 마음을 대담하게 만들고, 내면의 용기를 샘솟게 한다. 긍정적인 말은 단순한 구호가 아니다. 그것은 당신의 삶을 변화시키는 강력한 도구이다. 매일 아침, 긍정적인 말을 통해 새로운 하루를 시작하자. 당신의 마음속에 있는 가능성을 믿고, 그 가능성을 현실로 만들어가는 여정을 시작하자. 긍정적인 언어는 당신의 삶을 더욱 풍요롭게 만들 것이다. 당신은 할 수 있다!

코이의 법칙

: 한계의 패러다임을 깰수록 몸집이 커진다

코이라는 물고기는 그 성장 가능성이 환경에 따라 극명하게 달라진다. 작은 어항에서 기르면 10cm를 넘지 못하지만, 수족관이나 연못에서 자라면 30cm에 이르고, 강물에 방류되면 무려 120cm까지 성장할 수 있다. 같은 종의 물고기지만, 환경에 따라 피라미가 되기도 하고 대어가 되기도 한다. 이처럼 코이의 법칙은 단순한 생물학적 사실이 아니다. 이는 우리 인간의 삶에도 깊은 교훈을 준다.

인생은 당신이 설정한 한계에 따라 달라질 수 있다. 만약 당신이 스스로를 작은 어항에 가두고 있다면, 그 안에서의 성장은 미미할 수밖에 없다. 하지만 당신이 새로운 도전을 받아들이고, 생각의 크기를 확장한다면, 당신의 가능성은 무한해질 것이다. 당신은 지금 어떤 꿈을 꾸고 있는가? 그 꿈은 어항 속의 작은 물고기처럼 제한된 것인가, 아니면 강물과 바다를 향해 나아가는 대어의 꿈인가? 이제는 강물로, 바다로 나아가며 당신의 꿈을 키워보자. 도전은 두려움을 동반할 수 있지만, 그 두려움을 극복하는 순간 당신은 새로운 자신을 발견하게 도울 것이다. 코이가 강물에서 대어로 성장하듯, 당신도 새로운 환경에서 더 큰 가능성을 실현할 수 있다. 코이의 법칙을 기억하라. 당신의 꿈은 당신이 설정한 한계를 넘어설 때 비로소 실현될 수 있다.

어린아이 같은 동심,
상상력 키우기

상상력은 단순한 허무맹랑한 공상이 아니다. 그것은 우리가 경험하게 될 현실, 내가 만들어가는 인생의 시나리오이다. 어린 시절, 그리스 로마 신화를 읽으며 '과연 메두사 머리를 보면 온몸이 돌처럼 굳을까?'라는 호기심을 품었던 기억이 난다. 그 호기심은 수십 년 후 나를 터키로 이끌었다. 장거리 버스를 타고 이스탄불, 사프란볼루, 앙카라, 카파도키아, 콘야, 데니즐리, 파묵칼레, 이즈미르 등 8곳의 도시를 여행하며, 총 32시간의 이동과 1,487km의 거리를 다녔다. 고대 도시 유적 히에라폴리스(Hierapolis)와 원형 극장에서 메두사 머리도 직접 보았다. 온몸이 돌처럼 굳진 않았지만, 그 순간 느낀 전율은 잊을 수 없다.

나는 동심이 이끄는 방향으로 계속 나아갔다. '피라미드를 어떻게 하면 직접 볼 수 있을까?'라는 질문은 나를 미지의 땅 이집 트로 안내했다. 영화에서만 보던 스핑크스와 미라를 직접 보고, 낙타를 타고 피라미드를 유유히 돌며 깨달았다.

'큰 꿈을 꾸면, 더 크게 이룬다!'

난이도를 한 단계 더 높여 도전했다. 다큐멘터리에서 본 오로 라는 1년에 몇 번 볼 수 없는 진귀한 광경이다. 그러나 오로라에 대한 정보를 한 톨도 남김없이 모아 준비한 후 알래스카로 향했 다. 공항에 도착하자마자 엄청난 칼바람과 팔뚝만 한 고드름이 나를 반겼다.

설레는 마음을 안고 오로라를 기다렸다. 긴 기다림 끝에 어두 운 밤하늘에 오로라가 나타났다. 보랏빛과 연둣빛 향연은 극한 의 추위도 잊을 만큼 황홀하고 감동적이었다. 그 순간은 내가 평 생 잊지 못할 것이다. 상상은 우리를 새로운 경험으로 이끌어주 는 강력한 힘이다. 형이상학자 네빌 고다드는 "우리 인생의 역사 를 결정하는 것은 바로 우리 자신입니다. 상상력이 곧 길이자 진 실이며 우리 눈에 나타나는 삶입니다."라고 말했다. 이 경험은 단지 여행으로 국한되지 않는다. 상상력을 통해 내가 원하는 모 습을 그리며 버킷리스트를 작성했다. 처음엔 대부분의 일들이 현실과는 동떨어진 것처럼 느껴졌지만, 10년 후 나는 107가지 버킷리스트를 이루며 더욱 업그레이드된 자신과 만날 수 있었 다.

이처럼 상상력은 단순한 공상이나 꿈이 아니다. 두려움이 클 지라도 원하는 미래를 상상하고 행동으로 옮긴다면 우리의 가능성은 무한하게 확장된다. 당신은 앞으로의 삶에서 어떤 경험을 하고 싶은가? 간절한 꿈이 생기면, 과거와는 다른 행동을 할 용기를 얻게 될 것이다. 상상을 통해 자신의 가능성을 재평가해보자. 어린아이 같은 동심을 잃지 않고, 상상력의 힘을 믿으며, 당신의 인생을 새롭게 그려보자. 당신의 꿈은 당신의 상상력에서 시작된다. 지금, 그 첫걸음을 내딛어보자!

굳은 상상력과 창의력을 말랑말랑하게 만드는 방법

어른이 된 사람들은 종종 "상상력? 동심? 그런 거 없어요! 일상이 바빠서요!"라고 말한다. 이는 어쩌면 자연스러운 반응일 수 있다. 학교, 직장, 가족 부양 등 사회적 역할과 책임이 늘어나면서, 우리는 먼 미래의 꿈보다 오늘의 문제 해결에 집중하게 된다. 하지만 희망적인 사실은, 의식적인 훈련을 통해 상상력을 회복하고 발전시킬 수 있다는 것이다.

먼저 상상력을 키우기 위한 첫걸음은 어린 시절의 추억을 되살리는 것이다. 추억의 장소나 물건을 접해보는 것이 좋다. 예를 들어, 어린 시절 좋아하던 만화영화를 다시 보거나, 초등학교 문방구에 가서 좋아하던 물건을 구경해보는 것이다. 이러한 경험은 소소한 행복을 느끼게 해주고, 잊고 있던 순수한 즐거움을 되찾게 한다. 또한, 동화책을 다시 읽거나 놀이터에서 그네를 타며 어린 시절의 천진난만함을 되살려보는 것도 좋다. 이러한 단순한 놀이가 마음을 자유롭게 만들어 주며, 다시 아이처럼 꿈을 상상할 수 있도록 돕는다. 또한 상상력을 더욱 말랑하게 만들기 위해 엉뚱한 질문을 던져보는 것이 좋다. 예를 들어, "만약 내가 슈퍼히어로가 된다면, 어떤 능력을 갖고 싶을까?" 또는 "동물이 말을 할 수 있다면, 어떤 동물이 가장 재미있는 이야기를 들려줄까?"와 같은 질문들이 새로운 아이디어를 떠올리는 데 도움을 준다. 이러한 질문은 긴장을 해소하고 웃음을 유발하며, 마음의 여유를 되찾게 한다.

다음으로는 상상력을 자극하는 영화를 보는 방법이다. 영화는 상상력을 자극하는 훌륭한 매체가 된다. 개인적으로 추천하는 영화는 다음과 같다.

첫 번째 영화는 〈업〉(2009)이다. 모험을 꿈꾸는 할아버지가 풍선을 타고 떠나는 여정을 그린 이 애니메이션은 따뜻한 감성과 상상력을 자극하는 요소가 많다. 다음은 〈위대한 쇼맨〉(2017)이다. 실화를 바탕으로 한 뮤지컬 영화로, 오랜 시간 그리던 꿈을 현실로 이루는 한 남자의 이야기는 다시 꿈을 꿀 용기와 자신감을 심어준다. 다음은 〈나니아 연대기〉(2005)이다. 옷장을 통해 마법과 신비로 가득한 나니아 세계로 들어간 주인공들의 모험은 도전정신과 성장의 기쁨을 준다. 마지막은 〈이상한 나라의 앨리스〉(2010)이다. 모든 것이 가능한 상상의 세계 원더랜드를 배경으로 펼쳐지는 이야기이며, 톡톡 튀는 스토리 전개로 몰입감을 유지하며 신선한 창의력을 키우는 동기가 된다.

이처럼 영화는 어린 시절의 동심과 상상력을 자극하며, 일상에 지친 이들에게 밝은 희망과 꿈을 심어준다. 각자 취향에 맞는 영화를 선택해, 그 시간만큼은 무한한 상상력의 나라로 여행을 떠나는 것이 좋다.

마지막으로, 일상 속에서도 상상력을 키우는 방법이 있다. 어른들은 쉽게 지나치기 쉬운 것들을 아이의 눈으로 바라보는 것이다. 예를 들어, 길가의 나무는 어른들에게는 그저 나무일 뿐이지만, 아이는 그것을 거대한 통나무 집으로 상상할 수 있다. 비 오는 날을 집 밖에 나가기 귀찮은 날씨가 아닌, 빗방울이 자유롭게 춤추는 날로 생각해볼 수도 있다. 아이의 시각으로 세상을 바라보면, 모든 것이 새롭게 보이는 흥미로운 체험을 할 수 있다.

하버드 대학교의 연구에 따르면, 상상력을 키우는 훈련이 뇌의 신경 회로를 강화하고 새로운 아이디어를 창출하는 데 도움을 준다고 한다. 이는 뇌의 특정 영역을 활성화하며, 문제 해결 능력을 기르는 데도 유익하다. 다양한 방법을 통해 고정관념에서 벗어나 자유로운 상상력으로 돌아가는 시간을 가져보는 것이 좋다. 새로운 변화에 대한 두려움 대신 설렘이 가득해질 것이며, 이 설렘은 상상 속에 있던 일들을 현실로 만들어가는 원동력이 될 것이다.

===== 새로운 도전을 향한 첫걸음 : 나만의 버킷리스트 만들기

인생은 여러 번의 전환점을 지나면서 성장하고 변화한다. 버킷리스트를 작성한 후, 나의 인생은 새로운 국면을 맞이했다. 이제 하루하루가 꿈을 향한 즐거운 모험처럼 느껴진다. 삶에 대한 희망과 기대는 꿈에서 비롯된다. 이제 당신도 질문을 통해 내 안

에 숨겨진 열망을 찾아보자. 이는 인생 목표를 명확히 하고, 꿈을 이루기 위한 구체적인 계획을 세우는 출발점이 될 것이다.

1. 당신은 어떤 일을 할 때 행복한가?

이 질문은 당신의 내면을 들여다보는 첫걸음이다. 진정한 행복은 자신이 좋아하는 일을 할 때 찾아온다. 행복을 주는 활동을 떠올리고, 그에 따른 목표를 설정해보자. 예를 들어, 그림 그리기, 요리, 여행 등 당신을 기쁘게 하는 활동을 목록으로 만들어보는 것이다. 이 과정은 당신의 진정한 열망을 발견하는 데 큰 도움이 될 것이다.

2. 당신이 어릴 적 꿈꾸었던 직업은 무엇인가?

어릴 적 꿈은 종종 우리의 진정한 열망을 반영한다. 어린 시절의 순수한 열망을 되새기며, 그 꿈을 갖게 된 계기를 떠올려보자. 지금 경험하고 싶은 일은 무엇인지 생각해보자. 그 꿈을 다시 꺼내어 현재의 목표와 연결해보면, 새로운 가능성을 발견할 수 있다.

3. 당신의 호기심을 자극하는 일은 무엇인가?

당신은 어떤 분야에 흥미를 느끼는가? 배우고 싶지만 미뤄둔 일은 무엇인지 생각해보자. 호기심은 배움의 원동력이다. 새로운 기술이나 지식을 배우는 것은 당신의 삶을 더욱 풍요롭게 만들고, 새로운 기회를 열어줄 것이다. 이 질문을 통해 당신의 관심사를 탐색하고, 새로운 도전을 위한 계획을 세워보자.

4. 당신이 원하는 어디든 혼자 떠날 수 있다면, 세계의 어느 곳을 선택하고 싶은가?

혼자 떠나는 여행은 자신의 새로운 면을 알 수 있는 좋은 방법이다. 어떤 경험을 하고 싶은지도 떠올려보자. 새로운 환경에서의 경험은 당신의 시야를 넓히고, 삶의 다양한 가능성을 탐구하는 데 도움을 줄 것이다.

5. 당신이 직접 만나고 싶은 사람은 누구인가?

가장 존경하는 인물과의 만남을 상상해보자. 그들과 1시간 대화할 수 있다면 어떤 질문을 하고 싶은가? 멘토와의 만남은 긍정적인 변화를 가져올 수 있다. 존경하는 인물의 지혜를 통해 새로운 통찰을 얻고, 자신의 길을 더욱 확고히 할 수 있다.

6. 당신이 사랑하는 사람들과 함께하고 싶은 것은 무엇인가?

가고 싶은 장소와 그곳에서 만들고 싶은 추억을 떠올려보자. 소중한 인연과의 특별한 순간을 계획하는 것은 삶의 질을 높이는 중요한 요소이다. 가족이나 친구와 함께하는 여행, 특별한 이벤트 등을 구상해보면, 당신의 버킷리스트에 의미 있는 목표가 추가될 것이다.

7. 당신이 사랑하는 사람들에게 남기고 싶은 유산은 무엇인가?

당신이 남길 수 있는 무형의 유산은 무엇인지, 이를 실현하기 위해 어떤 일을 시도해볼 수 있는지 고민해보자. 예를 들어 정직과 성실, 사랑과 지지, 배려와 공감 등 무형의 가치는 자신의 삶을 가치 있게 만들 뿐 아니라, 다른 이들의 삶에도 좋은 영감과 이로움을 준다. 보이지 않는 가치를 통해 긍정적인 영향을 미칠 수 있다.

8. 만약 살날이 1년밖에 남지 않았다면, 가장 먼저 해보고 싶은 일은 무엇인가?

이 질문은 당신의 진정한 꿈을 찾고, 망설이던 일을 시작하는 계기가 될 것이다. 당신이 온 열정을 쏟고 싶은 프로젝트를 생각해보자. 시간이 제한된 상황에서 무엇이 가장 중요한지를 고민해보면, 우선순위를 정하고 이를 실행할 수 있는 용기를 얻을 수 있다.

9. 삶의 끝점에서 자신에게 편지를 쓴다면, 어떤 내용을 담고 싶은가?

이 질문은 현재 자신에게 필요한 조언과 격려를 해줄 수 있다. "자신의 꿈을 좇아라", "실패를 두려워하지 말라", "현재를 즐겨라", "자신을 더욱 사랑하라" 등의 문장을 적어보자. 이는 앞으로 당신이 나아가는 데 용기가 되어줄 것이다. 이 질문은 당신의 내면의 목소리를 듣고, 스스로에게 긍정적인 메시지를 전달하는 기회를 제공한다.

"우리는 우리가 생각하는 대로의 존재일 뿐이다. 우리의 생각에 따라 세계가 만들어진다."라는 석가모니의 말처럼, 질문을 통해 진지하게 내 마음을 들여다보고, 진정한 목표를 설정해보자. 버킷리스트는 단순한 목록이 아니라, 당신의 삶을 더욱 풍요롭게 만드는 여정의 시작이 될 것이다. 이제 당신의 버킷리스트를 작성하고, 새로운 도전을 향한 첫걸음을 내딛어보자.

Chapter.2

긍정적인
자아 이미지 만들기

진정한
자존감 찾기

"세계미인대회요? 과연 제가 해낼 수 있을까요?"

한때는 대회와는 인연이 없을 것으로 생각했지만, 'Miss Eco International'이라는 세계미인대회에 한국 대표로 참가할 기회가 찾아왔다. 고민 끝에, 나의 콤플렉스를 극복하는 여정이 누군가에게 힘이 될 수 있다는 생각에 용기를 내기로 했다. 6개월의 준비를 거쳐 이집트로 향했다. 그곳에는 각국을 대표하는 40명의 참가자들이 모여 있었다. 그들은 빼어난 외모와 화려한 이력을 지닌 인재들이었고, 나는 그들 속에서 특별히 눈에 띄는 참가자는 아니었다. 그러나 나는 오히려 이 기회를 통해 자신을 더욱 성장시킬 수 있다고 생각했다. '성장'이라는 나의 핵심가치에 집중하며, 그들에게서 배울 점을 찾기로 했다. 2주간의 합숙 기간에 가장 많이 배운 것은 자신감이었다. "왕관을 쓰려는 자, 그

무게를 버텨라!"라는 말처럼 대회 전후로 해내야 할 것들이 많았다. 참가자들은 오랜 시간 준비해왔고, 그것이 당연히 해야 할 일이라고 생각했다. 그들의 마음가짐을 통해 나는 자신감이 철저한 준비와 열정에서 나온다는 사실을 다시 한번 깨달았다.

그들은 자신의 존재에 대한 특별성과 소중함을 잘 알고 있었다. 특히, 남아프리카에서 온 제니크는 인상적이었다. 그녀는 만나는 사람마다 미소를 띠며 밝게 인사했고, 대회 관계자뿐 아니라 호텔의 청소부와 직원들에게도 마찬가지였다. 그녀는 도움이 필요한 참가자에게 자신의 것을 빌려주기도 하며, 다른 사람에게 부드럽게 대하는 모습을 보였다. 이를 통해, 스스로를 존중하는 사람은 타인의 존재도 긍정할 줄 안다는 사실을 깨달았다. 그녀가 베푼 호의만큼, 많은 이들이 그녀를 지지하고 응원했다. 이는 그녀의 매력적인 아우라와 긍정적인 자존감 형성에 큰 도움이 되었다. 합숙 기간에 대회 참가자들과 솔직한 이야기를 나누며, 아무리 완벽하고 대단한 사람들도 각자의 고민이 있다는 사실을 깨달았다. 다른 사람의 인생을 부러워하기보다 '내 인생을 어떻게 하면 최고로 만들 수 있을지'를 고민하는 것이 훨씬 더 자신에게 도움이 된다는 것을 다시 한번 깨달았다.

파이널 무대에 오르기 전, 나는 스스로를 돌아보았다. 과거의 나는 연약하고 모난 면이 많았지만, 덕분에 배우고 성장하며 이곳까지 올 수 있었다. 현재의 나는 어떤 상황에서도 배울 점을 찾는 사람이 되었다. 그 덕분에 더 나은 나로 성장할 수 있다는 '믿음'과 나의 미래에 대한 '밝은 희망'을 갖게 되었다.

중요한 것은 나만의 스토리와 고유한 개성이다!

내가 걸어온 모든 순간이 모여, 나만의 스토리가 되었다는 사실을 깨달았다. 그것은 오직 하나뿐인 나의 고유한 개성이었다. 물론 상을 받지 못했지만, 나는 트로피보다 더욱 가치 있는 교훈을 얻었기에 행복했다. 나는 스스로를 안아주었고, 그때 행복은 그리 멀리 있지 않음을 느낄 수 있었다. 이 경험을 통해, 긍정적인 자아 이미지를 만드는 것은 단순히 외적인 성취가 아니라, 내면의 성장과 자신에 대한 사랑에서 비롯된다는 것을 깨달았다. 진정한 자존감은 자신을 있는 그대로 받아들이고, 자신의 가치를 인식하는 데서 시작된다. 이 글을 읽는 당신도 자신이 걸어온 길을 소중히 여기고, 긍정적인 자아 이미지를 만들어나가길 바란다. 삶의 여정에서 만나는 모든 순간이 결국 당신이라는 사람을 더욱 빛나게 할 것이다.

스스로 생각한 최고의 핵심가치를 찾아라!

어떤 도전을 하든, 자신의 핵심가치에 기반한 선택을 하는 것이 중요하다. 핵심가치는 자신이 중요하게 생각하는 인생의 가치관으로, 의사결정 기준이자 행동의 방향성을 제공한다. 나는 '성장'이라는 핵심가치에 집중했고, 그 도전을 통해 인생의 가치를 얻을 수 있었다. 중요한 결정의 순간이 찾아올 땐 주변의 의견에 휩쓸리지 말고, 자신이 설정한 핵심가치에 기반한 선택을 내리자. 훗날 보다 장기적인 관점에서 어떤 선택이 자신에게 도움이 될지 현명하게 결정할 수 있다.

그렇다면, 이 글을 읽고 있는 당신의 핵심가치는 무엇일까? 좀 더 수월하게 나의 가치관을 파악할 수 있도록 질문을 준비했다. 이 질문에 답하며, 당신의 핵심가치를 알아보자!

1. 당신의 삶에서 가장 소중하게 여기는 것이 무엇인가?

이 질문은 당신의 주된 관심사와 삶의 우선순위를 나타낸다. 소중한 것이 무엇인지 생각해보면, 그에 맞춰 목표의 중요도와 우선순위를 정할 수 있다. 예를 들어, 가족, 건강, 성공, 또는 자유 중 무엇이 가장 중요한지 고민해보자. 이 과정에서 당신의 가치관이 드러나고, 앞으로의 선택에 큰 영향을 미칠 것이다.

2. 당신이 인생에서 가장 큰 성취감을 느꼈던 순간은 언제인가?

그 순간에 어떤 가치가 발휘되었는지 생각해보자. 성취감을 느낀 경험은 당신이 중요하게 여기는 가치와 연결되어 있다. 예를 들어, 팀워크를 통해 목표를 달성했을 때, 협력의 가치를 느꼈을 수 있다. 이러한 경험을 통해 앞으로 새로운 성취를 이루기 위해 어떤 선택을 내리면 좋을지 미리 상상해볼 수 있다.

3. 당신이 특별히 관심을 갖고 공부하고 탐구해온 주제는 무엇인가?

이 질문을 통해 당신이 어떤 주제에 열정을 느끼는지 파악할 수 있다. 사람은 자신이 중요시하는 가치에 부합하는 일을 선택해야 누가 시키지 않아도 적극적으로 배우고 행동한다.

4. 당신이 직업을 선택할 때 어떤 가치가 중요한 영향을 미쳤는가?

이 질문은 중요시하는 핵심가치를 명확히 하여 자신과 잘 맞는 직업 선택과 일의 만족도를 높일 수 있는 계기가 된다. 예를 들어, 창의성을 중시한다면 예술이나 디자인 분야에서의 경로를 고려할 수 있다. 자신의 가치에 맞는 직업을 선택하는 것은 직업적 만족도를 높이는 데 큰 도움이 된다.

5. 당신이 실패를 겪었을 때, 다시 일어나게 하는 원동력은 무엇인가?

회복력의 근원을 탐구하는 것은 당신의 내면을 이해하는 데 중요한 단계다. 실패를 겪었을 때 어떤 가치가 당신을 다시 일어나게 하는지 생각해보자. 예를 들어, 가족의 지지나 개인의 목표가 당신을 다시 일으켜 세운다면, 그 가치를 더욱 귀중히 여길 수 있다. 당신의 목표를 달성하는 과정에서 동기부여가 되는 요소는 무엇인가? 스스로 동기부여의 원천을 이해하면, 앞으로의 목표 달성에 그 가치를 활용해 더욱 긍정적인 결과를 이끌어낼 수 있다. 예를 들어, 성취감이나 사회에 공헌 등이 동기 부여가 된다면, 이를 목표 설정에 반영할 수 있다.

6. 당신이 가장 존경하는 인물은 누구인가?

그 사람이 당신에게 어떤 영감을 주는지 생각해보자. 멘토의 가치관과 걸어온 길은 스스로 가고자 하는 방향과 목표 설정을 명확히 하는 지표가 된다. 존경하는 인물의 행동과 가치관을 통해, 당신이 어떤 삶을 살고 싶은지 구체화할 수 있다.

7. 주변 사람들과의 관계에서 당신이 가장 중요시하는 가치는 무엇인가?

이 질문은 건강한 인간관계를 형성하는 기준의 토대가 된다. 신뢰, 존중, 사랑 등 어떤 가치가 당신의 관계에서 가장 중요한지 고민해보자. 이를 통해 더 나은 인간관계를 구축할 수 있는 방향성을 찾을 수 있다.

8. 갈등이나 어려운 상황이 발생했을 때, 어떤 가치를 지키려고 노력하는가?

이때의 선택은 자신의 도덕적 가치 기준을 알 수 있게 한다. 예를 들어, 정직함을 중요시한다면, 어려운 상황에서도 진실을 말하는 것을 선택할 것이다. 이러한 가치관은 당신의 행동을 이끌어주는 나침반이 된다.

9. 꿈을 이룬 당신의 미래 모습에서 어떤 가치가 가장 많이 발휘되고 있을지 상상해보자.

꿈을 이루는 데 필요한 가치를 파악해 앞으로의 계획을 수립하는 데 도움이 된다. 예를 들어, 어느 분야에서 탁월한 사람이 되기를 꿈꾼다면, 그 가치를 중심으로 목표를 설정하고 행동할 수 있다.

위의 질문을 통해 자신의 중요한 핵심가치를 5가지 선택해보자. 이를 통해 목표의 우선순위를 정할 수 있다. 한정된 시간과 자원을 어느 곳에 먼저 집중할지 계획하는 것은 목표 달성을 위한 효율적인 시간 관리와 자신에게 필요한 자질 개발에 도움이 된다. 당신의 핵심가치를 명확히 하고, 이를 바탕으로 한 선택이 더 나은 미래를 만들어 줄 것이다. 지금 바로 시작해보자!

성취 Achievement	모험 Adventure	진정성 Authenticity	균형 Balance	아름다움 Beauty	도전 Challenge
변화 Change	헌신 Commitment	공동체 Community	경쟁 Competition	자신감 Confidence	지속성 Consistency
공헌 Contribution	용기 Courage	창의성 Creativity	호기심 Curiosity	자존감 Dignity	다양성 Diversity
배움/교육 Education	효율성 Efficiency	공감 Empathy	평등 Equality	윤리 Ethic	탁월함 Excellence
경험 Experience	공정 Fairness	믿음 Faith	명성 Fame	가족 Family	자유 Freedom
친구 Friends	관대함/너그러움 Generosity	성장 Growth	조화/화합 Harmony	건강 Health	정직/솔직함 Honesty
겸손 Humility	유머 Humor	이상적인 Idealistic	자립 Independence	개성 Individuality	리더십 Leadership
논리 Logic	충성 Loyalty	개방/수용 Openness	열정 Passion	과정지향 Process	현실적인 Realistic
타인의 인정 Recognition	결과지향 Results	만족감 Satisfaction	안전함 Safety	봉사 Service	안정감 Stability
성공 Success	뒷받침/서포트 Support	체계 System	팀워크/협동 Teamwork	투명성 Transparency	부 Wealth

핵심가치 60가지 (출처: 웰씽킹 홈페이지)

자신의 존재가치에 대한 긍정적인 믿음을 갖자!

일과를 마치고 해변가로 가던 중, 나는 한 사람을 만났다. 모자를 푹 눌러쓴 채 어두운 얼굴로 시간을 묻던 안나와의 만남은 나에게 큰 깨달음을 주었다. 그녀는 봇물 터진 듯 속 이야기를 털어놓기 시작했다. 어린 시절, 그녀는 폭언과 폭력을 당한 경험이 있었다. 어른이 된 지금도 그동안 들었던 부정적인 말들을 곱씹으며 스스로 가치 없다는 생각에 갇혀 살고 있었다. 그 순간,

우리의 만남이 운명처럼 느껴졌다.

> "주변 사람들이 너에게 했던 말들은 사실이 아닐지도 몰라. 너는
> 존재만으로도 소중해."

　나는 안나에게 이렇게 말했다. 그녀의 꿈은 가수였지만, 그
꿈을 이룰 자신이 없다고 했다. 그러나 그녀가 노래를 부를 때의
모습은 너무나 행복해 보였고, 진심이 담긴 노래는 깊은 감동과
울림을 주었다. 나는 2시간 동안 그녀와 대화를 나누며, 그녀의
장점을 칭찬하고 숨겨진 가능성에 대해 이야기했다. 그 덕분에
불과 몇 시간 전만 해도 삶을 살 의지가 없던 그녀에게 새로운
변화가 찾아왔다. 안나는 "I can do it!"을 외치며 얼굴에 환한 웃
음꽃이 피었다. 그때 희망으로 반짝이던 안나의 눈빛을 잊을 수
가 없다.

> "사람은 어떤 상황에서도 자신의 태도를 선택할 수 있는 자유가
> 있다."
>
> － 빅터 프랭클

　이 명언처럼, 사람은 스스로의 생각을 선택할 수 있는 주인이
다. 자신을 죽이는 생각이 아닌, 살리는 생각을 선택한다면 더
나은 삶을 살아볼 기회를 얻을 수 있다. 안나와의 만남은 나에게
도 큰 교훈을 주었다. 우리는 모두 각자의 고유한 가치를 지니고

있으며, 그 가치는 외부의 평가에 의해 좌우되지 않는다. 우리는 자신이 지닌 가치를 지나가는 타인에 의존해 과소평가하지 말아야 한다. "모든 인간은 태어날 때부터 자유롭고, 평등하며, 존엄성과 권리에 있어 동등하다"라는 인권선언문의 전문처럼, 사람은 자신다운 가치를 발휘하며 자유롭게 살아갈 권리가 있다. 세상 그 어떤 값비싼 명품도 수십 년간 갈고 닦지 않지만, 자신은 오랜 시간 투자하여 열정과 사랑으로 갈고 닦은 세상에 단 하나뿐인 걸작이다.

나로서 사는 인생은 단 한 번뿐이다. 당신이 누구인지, 무엇을 할 수 있는지를 스스로 믿고, 긍정적인 생각을 선택하자. 이제는 당신의 삶에서 긍정적인 믿음을 갖고, 자신을 사랑하며, 꿈을 향해 나아가야 한다. 당신의 이야기는 이제 시작이다. 새로운 시작을 위해 오늘부터 한 걸음 내딛어보자. 당신은 충분히 그럴 자격이 있다.

긍정적인 결실에 대한 믿음을 갖자!
진주처럼 빛나는 꿈의 여정

우리는 종종 진주의 화려한 모습만을 바라보지만, 그 이면에는 조개가 자신의 생명을 지키기 위해 치열하게 노력한 과정이 숨겨져 있다. 조개는 이물질이 침투했을 때 그것을 한 겹씩 감싸며 결국 아름다운 진주를 만들어낸다. 진주의 탄생 과정은 우리가 꿈을 이루는 과정과 매우 유사하다. 진주가 탄생하기까지의 과정은 결코 쉽지 않으며, 때로는 포기하고 싶을 때도 있지만,

그럼에도 불구하고 꿈을 향해 나아가는 과정에서 경험과 지식을 쌓아가며 더욱 단단해지고 지혜로워진다.

이와 같은 인생은 외관상 우아해 보일지 모르지만, 가까이 들여다보면 치열한 노력과 몸부림 끝에 얻어지는 진주와 같다. 조개처럼 자신을 감싸고 인내하며 우리의 꿈을 향해 나아가야 한다. 인고의 시간을 거쳐 고귀한 진주가 탄생하듯, 우리의 노력도 결국 꿈의 실현이라는 값진 결과로 돌아올 것이다. 조개가 이물질을 감싸며 진주를 만들어내듯, 우리도 어려움을 감싸 안고 인내하며 꿈을 이루어 나갈 수 있다.

마지막으로, 다음의 명언을 기억하자. "진정한 아름다움은 고난을 이겨낸 후에 비로소 드러난다." 당신의 노력과 인내는 결코 헛되지 않으며, 결국 그 모든 과정이 당신을 더욱 빛나게 할 것이다. 당신이 겪은 모든 고난과 역경을 통해 당신의 인생은 더욱 빛나는 진주가 될 것이다.

약점이 아닌,
장점을 칭찬하기

━━━━━ 강렬한 폭식증의 유혹도 이겨내는 '자기 칭찬'의 힘

밤마다 찾아오는 폭식의 유혹, 그리고 그다음 날 아침의 후회. 나는 다람쥐 쳇바퀴 같은 일상 속에서 고통받고 있었다. 폭식 습관을 고치기 위해 카드도 없애고 방문도 잠갔지만, 밤이 되면 다시 편의점으로 향하는 나 자신이 미웠다. 이 반복되는 악순환에서 벗어나기 위해 나에게 필요한 것은 무모한 도전이었다. 바로 '미인대회 도전'이었다.

미인대회라는 명확한 목표가 생기자, 내 안의 의지가 불타올랐다. 매일 아침 옥상에서 줄넘기를 하고, 강변을 달리며 운동을 시작했다. 용돈 기입장을 써가며 지출을 관리하니, 폭식의 빈도와 체중도 조금씩 줄어들기 시작했다.

하지만 모든 문제가 한 번에 해결되면 얼마나 좋을까? 현실은 줄다리기와 같았다. 좋아졌다가 나빠졌다 하기를 반복하며 무너지는 기분이 들었지만, 나는 나를 껴안고 앞으로 나아가기로 결심했다. 내가 깨달은 것은 '당근과 채찍'의 중요성이다. 엄격한 자기 관리와 잘한 일에 대한 칭찬이 필요했다. 실수를 한 다음 날은 칼로리를 전부 빼는 것을 원칙으로 삼고, "실수를 만회하려는 노력이 대단해, 너는 책임감이 있는 아이야!"라는 긍정적인 칭찬을 스스로에게 해주었다. 약점에 집중하는 것이 아닌, 장점을 칭찬할수록 앞으로 나아가는 강한 힘이 생겼다. 결국, 나는 다이어트에 성공했고, 무모해 보였던 미인대회에도 참가할 수 있게 되었다.

이번 경험을 통해 깨달은 중요한 사실은, 약점에 집중하면 포기할 만한 핑계를 찾게 되지만, 장점에 집중할수록 해결책을 발견할 수 있게 된다는 것이다. "자신을 사랑하는 것이 진정한 변화의 시작이다." 언제나 내 편이 되어 자신의 장점을 칭찬하자. 강렬한 포기의 유혹에도 전진하는 용기를 얻을 수 있다. 긍정적인 자아 이미지를 만드는 것은 단순한 자기 사랑이 아니라, 삶의 질을 높이는 강력한 도구가 된다.

━━━━━ 해님과 바람
: 스스로에게 어떤 방식으로 대할 것인가?

해님과 바람은 한 가지 내기를 했다. "누가 먼저 지나가는 나그네의 외투를 벗길 수 있는가?" 바람은 위풍당당하게 세게 불어댔지만, 나그네는 외투를 더욱 꽉 잡았다. 반면, 해님은 따스한 햇살을 비추자 나그네는 자연스럽게 외투를 벗게 되었다. 이 우화에서 우리는 강요보다는 부드러운 접근이 더 큰 변화를 이끌어낸다는 중요한 교훈을 얻는다. 바람이 세게 불수록 나그네는 외투를 더욱 단단히 붙잡았다. 이는 우리 삶에서도 마찬가지다. 자신에게 강압적으로 대하거나 비판적인 태도를 취할 때, 우리는 오히려 더 많은 저항을 느끼고 변화에 대한 두려움을 키우게 된다. 강압적인 바람은 사람의 저항을 초래하고 방어적으로 만들 뿐이다.

반면 해님은 부드러운 방식으로 나그네를 감싸며 변화를 유도하는 데 성공했다. 따뜻한 햇살은 나그네에게 편안함을 주었고, 그는 자연스럽게 외투를 벗게 되었다. 이는 우리가 스스로에게 대할 때도 마찬가지다. 긍정적이고 부드러운 태도로 자신을 대할 때, 우리는 더 큰 변화를 이끌어낼 수 있다. 모든 사람은 약점을 가지고 있다. 그러나 그 약점을 커버할 수 있는 장점도 분명히 존재한다. 자신이 가진 장점을 발휘하는 노력을 하고 있는 자신을 응원한다면, 원하는 목표에 더욱 잘 도달할 수 있을 것이다.

심리학자 앨버트 반두라의 '자기 효능감 이론'에 따르면, 개인이 자신의 능력에 대한 긍정적인 믿음을 가질 때 자기 효능감이 높아진다. 이는 도전적인 상황에 직면했을 때 더 많은 노력을 기울이고, 실패를 극복하려는 경향성을 만들어낸다.

결국, 부드러운 방식으로 자신의 장점을 칭찬하며 스스로에 대한 긍정적인 믿음을 갖는다면, 우리는 날마다 단단하게 성장할 수 있다. 당신은 스스로에게 어떤 방식으로 대하고 있는가? 자신에게 따뜻한 햇살이 되어주고, 약점이 아닌, 장점에 집중하는 것이야말로 진정한 변화의 시작이다. 강압적인 바람이 아닌, 따뜻한 해님이 되어 자신을 감싸주자. 긍정적인 믿음과 부드러운 접근이 우리를 더 나은 방향으로 이끌어 줄 것이다.

"자신에게 해님이 되어, 매일 조금씩 성장해 나가자."

나의 숨겨진 장점을 찾아보자!

대부분의 사람들은 자신의 장점을 제대로 인식하지 못한다. 이는 여러 가지 이유에서 비롯된다. 다른 사람들과 자신을 비교하며 특별하지 않다고 느끼거나, 사회가 정한 기준에 부합하지 못할 때, 우리는 자신의 장점을 간과하고 단점에만 집중하게 된다. 또 완벽주의 성향이 강한 사람들은 자신이 설정한 높은 기준에 미치지 못할 경우, 스스로의 가치와 결과물을 낮게 평가한다. 이러한 태도는 자신을 과소평가하게 만들고, 긍정적인 피드백을 받아도 잘 받아들이지 못하게 한다.

그러나 이제는 새로운 접근 방식이 필요하다. 당신의 장점을 찾기 위해 다음의 질문을 답해보자. 이는 자신의 숨겨진 가능성을 일깨우는 데 첫걸음이 될 것이다.

1. 당신이 좋아하는 자신의 특성은 무엇인가?

이 질문은 당신의 정체성을 탐구하는 데 도움을 준다. 예를 들어, 당신은 외향적이고 사교적인가, 아니면 내향적이고 사려

깊은가? 자신의 특성이 삶에서 어떤 영향을 미치는지 깊이 생각해보자. 이 과정을 통해 자신이 대한 이해와 더불어, 자존감을 높일 수 있다.

2. 당신이 자신감이나 성취감을 느꼈던 순간은 언제인가?

이 질문은 당신의 긍정적인 경험을 회상하게 돕는다. 예를 들어 사람들이 나의 조언이나 도움을 요청할 때, 기대 이상으로 나의 능력이 발휘될 때, 또는 중요한 프로젝트를 성공적으로 마쳤을 때의 순간들을 떠올려보자. 이러한 경험들은 당신의 장점을 발견하고, 새로운 도전에서도 용기와 자신감을 줄 것이다.

3. 당신의 에너지가 넘치거나 즐거움을 느끼는 순간은 언제인가?

당신의 에너지가 발산되는 순간을 떠올려보자. 당신이 진정으로 즐기는 활동을 찾는 데 도움을 줄 것이다. 예를 들어 새로운 것을 배울 때, 잘 맞는 사람들과 흥미로운 대화를 나눌 때, 창의적인 작업을 할 때, 또는 자연 속에서 시간을 보낼 때 등, 이러한 순간들은 당신의 장점을 발견하는 중요한 단서가 될 수 있다.

4. 당신이 주변 사람들에게 자주 듣는 칭찬은 무엇인가?

타인이 당신의 어떤 부분을 인정하고 긍정적으로 바라보는지를 생각해보자. 주변 사람들의 칭찬은 당신의 장점을 강화하는 데 큰 동기부여가 된다. 이 과정을 통해 자신에 대한 자부심을 느끼고, 자신의 강점을 더욱 확고히 할 수 있다.

5. 당신이 극복한 어려운 상황은 무엇인가?

극복했던 어려운 상황에서 발휘된 장점은 무엇이었는지 떠올려보자. 이러한 경험은 도전 과제에 대한 두려움을 줄이고, 해결 전략을 세우는 데 도움을 주며, 삶에 대한 긍정적인 태도를 형성하는 데 기여한다. 이 질문을 통해 당신은 자신이 가진 회복력과 문제 해결 능력을 되돌아볼 수 있다.

"자신을 믿는 것이 모든 성공의 시작이다."

– 노먼 빈센트 필

위의 명언과 같이 당신의 숨겨진 가능성을 발견하고, 이를 통해 더 나은 미래를 만들어나가길 바란다. 이 질문들을 통해 주체적으로 자신의 장점을 찾고, 자기 발전의 원동력으로 삼아보자. 이는 곧 성공으로 가는 황금 열쇠가 될 것이다.

═══ 슬럼프를 극복하는 '장점 반복 인식법'

나는 다이어트를 하며 크고 작은 슬럼프를 경험했다. 그러나 장점을 되새기며, 도전을 지속했고 성공할 수 있었다. 장점에 집중하면 부정적인 생각이 줄어들고, 긍정적인 시각으로 자신을 바라볼 수 있게 된다. 앞으로 소개할 장점 반복 인식법이 당신의 소중한 장점을 가슴 속에 품는 데 도움이 되길 바란다.

우선 가장 먼저, 자신의 장점을 적은 카드를 만드는 것이 중요하다. 종이에 자신이 자랑스럽게 생각하는 장점을 적고, 이를 코

팅하여 잘 보이는 곳에 붙이거나 지갑, 가방에 넣어 수시로 꺼내 읽어보자.

연구에 따르면, 시각적 자극은 긍정적인 자기 평가와 동기부여에 큰 영향을 미친다고 한다(Schunk, 1995). 자신감이 떨어질 때일수록 이 카드를 통해 자신의 장점을 되새기면, 다시 나아갈 힘과 용기를 얻을 수 있다.

두 번째 방법은 '장점 녹음하기'이다. 자신의 장점을 목록으로 작성한 후, 가장 활기차고 자신감 있는 목소리로 녹음해보자. 이 녹음 파일을 모닝콜로 설정해 하루를 시작하는 것이 좋다. 긍정적인 메시지를 매일 아침 듣는 것은 일상에서 긍정적인 마인드를 유지하는 데 큰 도움이 된다. 장점을 흥얼거리며 자연스럽게 기분이 좋아지고, 자신감이 회복되는 경험을 하게 될 것이다.

세 번째 방법은 '하루에 1가지 장점 발휘하기'이다. 매일 아침 자신이 발휘하고 싶은 장점을 선택하여 일상 속에서 실천해보자. 예를 들어, '긍정'을 선택했다면 그날 만나는 사람의 긍정적인 면을 찾아 칭찬해보는 것이 좋다. '끈기'를 선택했다면 운동을 하며 끈기를 발휘해 임계점을 넘는 시도를 해보는 것이다. 이렇게 장점을 통해 긍정적인 경험을 만들고 자신감을 느끼면, 스스로 발전하는 선순환을 이끌어낼 수 있다.

마지막으로, '거울 앞에서 자신을 칭찬하기'이다. 하루를 마친 후 거울 앞에서 자신을 칭찬해보자. "피곤해도 책임감 있게 일을 마무리한 모습이 인상적이었어. 대단해!"와 같은 격려의 말을 건네는 것이다. 그날 발휘된 장점과 그로 인해 어떤 결과를 가져왔는지를 생각해보면, 긍정적인 자기 대화를 통해 자존감을 키우고 다음 날에도 장점을 발휘할 수 있는 좋은 동기부여가 된다.

심리학자 마틴 셀리그만은 "행복은 우연히 찾아오는 것이 아니라, 우리가 선택한 것의 결과이다."라고 말했다. 우리가 하는 작은 노력들이 모여, 슬럼프를 극복하고, 내 안의 숨겨진 가능성을 발휘하며 나다운 행복한 삶을 만드는 데 도움을 줄 것이다.

진정어린 마음을 자신에게 표현하는 힘

우리는 종종 대화 중 상대방의 형식적인 대답이나 무관심한 반응에 실망하게 된다. "뭐야! 말에 영혼이 없잖아?"라는 생각이 드는 순간, 우리는 진정한 소통에 부재를 느낀다. 우리는 "자신을 사랑하고, 칭찬하라"라는 조언은 익숙하지만, 이를 진심으로 실행한 경험은 얼마나 될까?

연구에 따르면, 진심을 담아 긍정적인 말을 할 때, 놀라운 변화가 일어난다는 사실이 밝혀졌다. 부산대학교에서 진행된 한 연구에서는 '애기장대'라는 식물을 대상으로 긍정적인 말이 식물 성장에 미치는 영향을 조사했다. 그 결과, 식물도 긍정의 말을 듣고 성장할 때 성장 속도와 발육 상태가 더 좋은 것으로 나타났다.*

"말 한마디로 천 냥 빚을 갚는다."라는 속담처럼, 같은 말이라도 그 진정성에 따라 결과는 달라진다. 자신과의 대화에서도 진

---

* 제민지, 「긍정의 말, 의도, 공감이 애기장대 종자의 발아와 생체량에 미치는 영향」, 부산대학교 대학원 의학과 석사논문, 2013.

정성이 가장 중요하다. 말은 돈이 들지 않지만, 그 가치는 돈보다 훨씬 더 크다. "고마워, 수고했어, 사랑해, 너를 칭찬해"라는 말은 자신에게 진심으로 아끼고 고마운 마음을 표현하는 것이다. 이러한 긍정적인 자기 대화는 천 냥보다 더 큰 행복을 선물해 줄 것이다. 자신에게 진정한 긍정의 말을 건네는 것은 단순한 습관이 아니라, 삶을 변화시키는 강력한 도구이다. 오늘부터라도 자신에게 진심 어린 말을 건네보자. 그 작은 변화가 당신의 삶에 얼마나 큰 영향을 미칠지 기대해도 좋다.

강점을 키우는 노력을
꾸준히 하기

===== 100일간의 몸짱 대작전!
장점을 강점으로 키우는 여정

"쇠뿔도 단김에 빼라"라는 속담처럼, 살이 빠지자 새로운 목표가 생겼다. '몸짱! 머슬마니아 대회 도전하기'라는 버킷리스트를 세우며, 가슴 속에 탄탄한 근육질의 워너비 몸매를 만들고 싶다는 포부가 가득해졌다. 남은 시간은 단 100일. 즉시 몸짱 되기 대작전을 시작했다.

처음 PT를 받을 때, 나의 체력은 선생님마저 고개를 저을 정도로 형편없었다. 하지만 포기하지 않고 끈기를 발휘하겠다는 결심을 했다. 헬스, 등산, 복싱, 요가를 병행하며 하루 8시간 이상 운동에 매진했다. 매일 반복되는 운동 루틴에 지치기도 했지만, 비전 보드를 만들어 워너비 몸매 사진을 바라보며 의욕을 되살리고, 현관문에 붙여둔 긍정 확언을 큰 소리로 읽으며 스스로를 응원했다.

그렇게 3달이 지나고 나니, 나는 처음과 많이 달라져 있었다. 피곤함 속에서도 운동을 하면 눈빛이 변화할 정도로 진심이 되었다. 원하던 복근과 탄탄한 팔, 허벅지에 근육이 생기니 거울을 볼 때마다 흐뭇한 마음이 들었다. 구릿빛 피부로 변신한 나는 패기 넘치게 대회장으로 향했다. 그러나 머슬마니아 참가자들은 어마무시한 근육질 몸매의 소유자들이었다. 비록 상은 받지 못했지만, 100일간의 고군분투 경험은 내면을 단단히 성숙시켰고, 다른 참가자들의 무대를 보며 열정과 성장의 욕구를 얻을 수 있었다.

이처럼 사람은 집중하는 곳에 더욱 힘을 키울 수 있다. 나는 이 노력이 단발성으로 끝나지 않도록 새로운 목표를 세워 도전했다. 마라톤 대회 11번의 도전과 철인삼종 스파르탄 레이스 2번의 대회 참가를 통해 자신을 꾸준히 갈고닦았다. 덕분에 저질 체력이던 내가 어딜 가도 "넌 강철 체력이야! 그거 하나는 끝내줘!"라는 말을 듣게 되었다. 물론 강점을 키우는 과정은 쉽지 않다. 하지만 당신의 가능성을 믿고 '강점 만들기' 여정을 시작해보자. 타인의 장점을 부러워하기보다, 내가 가진 장점을 강점으로 키운다면 얼마든지 최고의 나로 거듭날 수 있다.

이제 당신의 이야기를 시작할 시간이다. 100일 후, 당신은 어떤 모습으로 변화해 있을까? 긍정적인 자아 이미지를 만들고, 강점을 키우는 여정에 함께 나서보자. 당신의 가능성은 무한하다.

옛날 한 마을에 농부가 있었다. 그는 마을을 지키는 큰 나무를 심기로 결심했다. 하지만 나무가 자라기까지는 수년이 걸린다. 농부는 매일 물을 주고 잡초를 뽑으며 정성 들여 나무를 키웠다. 결국 작은 씨앗은 자라서 커다란 나무가 되었고, 마을 사람들에게 그늘을 제공하여 기쁨을 주는 존재가 되었다. 이처럼 당신의 강점이 될 'One Thing'을 찾아보자. 마을의 자랑이 된 나무처럼 씨앗을 심고 지속적으로 가꾼다면, 당신도 값진 결실을 얻게 될 것이다.

1. 당신이 잘하고 싶은 분야는 무엇인가?

진정으로 잘하고 싶은 분야를 명확히 하면, 그 분야에서 깊이 있는 지식과 기술을 쌓을 수 있다. 자신이 좋아하는 일을 통해 자연스럽게 강점을 발휘할 기회를 만들어보자.

2. 당신이 관심 있는 분야에서 어떤 기술이나 능력을 발전시키고 싶은가?

관심 있는 분야를 정하면, 필요한 능력이나 기술을 알 수 있다. 이를 명확히 하면 목표가 생기고, 그에 맞는 계획을 세울 수 있게 된다. 이로써 자신이 나아가야 할 방향을 분명히 할 수 있다.

3. 당신이 다른 사람들에게 도움을 주었을 때, 그 과정에서 어떤 강점을 발휘했는가?

도움을 줄 때 발휘되는 강점은 당신이 자연스럽게 잘하는 것이다. 이러한 강점을 인식하고 발전시키면, 자신감은 더욱 커질 것이다.

4. 당신이 좋아하는 사람들의 공통된 강점은 무엇이며, 그중 나에게도 있는 것은 무엇인가?

주변 사람들의 강점을 분석하며, 그중 자신에게도 있는 강점을 발견하는 것은 긍정적인 자기 인식을 높이는 데 큰 도움이 된다.

5. 당신이 자랑스러워하는 장점은 무엇인가?

자랑스러운 장점은 당신의 정체성을 형성한다. 이를 명확히 인식하며 앞으로 더욱 강화할 수 있는 방법을 구체적으로 생각해볼 수 있다.

6. 당신이 미래에 이루고 싶은 목표는 무엇이며, 그 목표를 달성하기 위해 필요한 능력은 무엇인가?

필요한 능력을 명확히 해야 그에 맞는 행동 계획을 세울 수 있다. 목표를 향해 나아가는 과정에서 자신이 가진 장점이 강점이 되는 뜻깊은 경험을 하게 된다.

7. 미래의 당신은 나만의 'One Thing'을 통해 주변 사람들로부터 인정과 존경을 받고 있다. 당신이 강점이 발휘되는 현장을 상상해보자.

미래에 사람들은 당신의 어떤 훌륭한 점을 인정하게 될까? 미래의 모습을 상상하며 강점을 구체화하는 것은 동기부여가 된다. 사람들이 인정하는 당신의 강점을 상기하면, 그 강점을 더욱 발전시키고 싶어질 것이다. 또한, 이러한 상상을 통해 꿈을 향해 나아갈 자신감을 얻을 수 있다. 자기 발견의 여정은 나무를 심는 것과 같다. 시간이 지나면 그 뿌리가 깊어지고, 당신의 강점이 하늘을 향해 자라나기 시작한다.

> 강점은 당신의 잠재력을 꽃피우는 씨앗이다.
> 그것을 심고 가꾸는 것은 당신의 선택이다.
>
> — 긍정심리학의 창시자 마틴 셀리그먼

셀리그먼의 말뿐만 아니라, 연구에 따르면, 자신의 강점을 인식하고 활용하는 사람들은 더 높은 삶의 만족도와 행복감을 느끼며, 직장에서의 성과도 향상된다고 한다. (Gallup, 2019) 당신의 강점을 명확히 하고 가꾸는 과정야말로, 자신만의 인생 목표를 이루는 데 있어 가장 중요한 투자이다. 이는 스스로를 더욱 빛나게 하고 주변에 선한 영향을 전하는 나무가 되는 길이다. 이제는 자신이 진정으로 발전시키고 싶은 것이 무엇인지 파악했다면, 새로운 목표를 만들어보자.

지속 성장의 비결! SMART 목표 설정 가이드

큰 나무를 키우기 위해서는 작은 씨앗부터 심어야 한다. 마찬

가지로, 자신의 강점을 키우기 위해서는 SMART하게 목표를 설정하는 것이 필수적이다.

목표는 명확하고 구체적(Specific)이어야 한다

막연한 목표는 행동 계획을 세우기 어렵게 만든다. 예를 들어, "나는 더 나은 발표자가 되고 싶다"라는 목표 대신, "다음 달까지 매주 한 번 친구들 앞에서 10분 발표를 연습하겠다"라고 설정해보아야 한다. 이렇게 구체적인 목표는 실천 가능성을 높이고, 목표 달성을 위한 명확한 방향을 제시한다.

목표는 측정 가능(Measurable)해야 한다

진행 상황을 확인할 수 있는 기준이 있어야, 자신의 발전을 명확히 인식할 수 있다. "발표 능력을 향상시키겠다."라는 목표 대신, "발표 후 친구들에게 피드백을 받아 매주 1가지의 개선점을 고쳐보겠다"라고 설정해보아야 한다. 이렇게 하면 매주 자신의 발전을 확인하고, 필요한 조정을 할 수 있다.

목표는 현실적(Achievable : 달성 가능)이어야 한다

너무 높은 목표는 오히려 좌절감을 줄 수 있다. 미국의 심리학자 가브리엘 외팅겐(Gabriele Oettingen)의 연구에 따르면, 긍정적인 기대와 현실적인 계획을 결합한 목표 설정이 개인의 동기와 성과를 극대화하는 데 효과적이라는 결과를 보여준다. 예를 들어, "3개월 안에 TED 강연을 하겠다"라는 목표 대신, "3개월 안에 지역 커뮤니티에서 5분 발표를 하겠다"라고 설정해보아야 한다. 작은 성공을 쌓아가며 자신감을 키우는 것이 중요하다. 현실적인 목표는 동기부여를 유지하는 데 큰 도움이 된다.

목표는 자신의 강점과 관련(Relevant : 관련성)이 있어야 한다

라이언(Ryan)과 데시(Deci)의 '자기결정 이론'에 따르면, 개인의 내적 동기는 목표와의 관련성이 높을 때 더욱 강해진다. 목표 설정 시, 개인의 장기적인 비전과 일치하는 것이 중요하다. 예를 들어, 자신의 강점이 발표 능력이라면, 발표와 관련된 목표를 설정하는 것이 좋다. 이는 목표 달성을 위한 동기를 더욱 강화한다.

목표 달성에는 시간 제한(Time-bound)이 필요하다

기한이 있으면 목표 달성을 위한 긴장감과 동기부여가 생긴다. "발표 능력을 키우겠다"라는 목표 대신, "다음 달 말까지 3번의 발표를 완료하겠다"라고 설정해보아야 한다. 기한을 정함으로써 목표에 대한 집중력을 높이고, 더 큰 성취를 가능하게 만든다. 만약 기한을 놓치게 된다면, 원인을 분석하고 다음 목표를 설정할 때 더 나은 전략을 수립할 수 있다.

이제 당신도 SMART 목표 설정법을 통해 나만의 강점을 키울 준비가 되었다. 자신감을 가지고 행동으로 옮겨보자. 연구에 따르면, 목표를 구체적으로 설정하고 이를 지속적으로 추적

하는 사람들은 그렇지 않은 사람들보다 10배 이상 높은 성과를 달성하는 것으로 나타났다. "성공은 우연히 찾아오는 것이 아니라, 목표를 향한 끊임없는 노력의 결과이다."라는 말처럼, 목표를 SMART하게 설정하고 이를 향해 나아가는 과정이야말로 진정한 성공으로 가는 길임을 잊지 말아야 한다. 당신의 장점이 강점으로 발전하여, 밝은 빛을 발휘하는 순간이 곧 올 것이다. 지속적인 강점 성장의 여정을 시작하자!

세상에서 가장 가치 있는 투자는 바로 '나 자신'에게 하는 것이다

당신은 태국의 야생 코끼리 이야기를 들어본 적이 있는가? 이들은 처음에 발목에 묶인 밧줄을 풀기 위해 필사적으로 몸부림 친다. 그러나 시간이 지나면서 그들은 체념하게 되고, 결국 밧줄이 풀려도 밀림으로 돌아가지 않는다. 그들은 자유를 잃고, 한 마리의 가축으로 살아가게 된다.

이 코끼리의 이야기는 우리에게 중요한 교훈을 준다. 우리는 무한한 가능성을 지닌 존재임에도 불구하고, 현실이라는 밧줄에 얽매여 꿈을 포기할 때가 많다. 우리는 종종 외부의 제약에 의해 우리의 잠재력을 제한하고, 스스로를 가두는 경향이 있다. 하지만 기억하라! 꿈이라는 도구로 그 밧줄을 끊을 수 있다.

"세상에서 가장 안전한 투자처는 바로 자신이다."

나는 이 진리를 가슴 깊이 새기고 있다. 외부 환경은 언제든지 변할 수 있지만, 자신에게 투자한 지식과 경험은 결코 사라지지 않는다. 그것은 불확실한 미래에 대한 안전망이며, 시간이 지남에 따라 더욱 가치 있는 당신의 자산이 될 것이다. 그러니 지금 바로 'One Thing'을 찾아 꾸준한 장기 투자를 시작하자. 이작은 행동이 당신의 인생을 변화시킬 수 있는 첫걸음이 될 것이다. 오늘 시작한 이 작은 행동이 그동안 해온 일 중 가장 잘한 일이라고 자부할 수 있는 날이 올 것이다.

긍정적인 피드백 수용하기

휴학 후, 나는 100평이 넘는 옷가게에서 일하게 되었다. 휴학 후, 옷가게에서 일하게 되었다. 매장의 위치는 흥행하는 영화가 개봉하면 손님들이 쏟아져 들어오는 인기 있는 장소였다. 미래의 디자이너라는 꿈과 관련된 일이라 잘 해내고 싶었지만, 나에게만 유난히 피드백을 많이 주는 상사가 있다는 것이 문제였다.

"너, 똑바로 안 할래? 그럴 거면 관둬!"

꼭 직원 단톡방에서만 이야기를 하는 상사가 밉기도 하고, 내 담당이 아닌 부분까지 꼬투리 잡으니 억울했다. 어느 날, 다른 직원이 나에게 말했다.

"너무 기죽지 마, 사람이 어떻게 다 잘해. 그래도 너는 스타일링에 소질이 있더라?"

마네킹에 내가 코디한 스타일이 멋지다고 칭찬해주었고, 그

한 마디는 마치 사막에서 오아시스를 만난 듯한 반가움으로 다가왔다. 그 긍정적인 한 가지 피드백은 열 가지의 부정적인 피드백을 이겨낼 힘을 주었다. 이후 나는 모든 피드백을 메모하고 수정해 나가며 세심한 습관을 기르게 되었다. 항상 패션 트렌드를 연구하고 다양한 스타일링을 시도하면서, 결국 부장님에게 새로운 일자리를 제안받았다. 내가 좋아하는 일을 할 기회가 찾아온 것이다.

새로운 모험이 시작되었다. 동대문 근처에 작은 고시방을 얻고 매일 동대문 새벽시장을 다녔다. 새로 시작한 온라인 쇼핑몰 일은 배울 것도 많고 피드백도 많았지만, 이를 성장의 기회로 삼아 실력을 쌓았다. 덕분에 전반적인 쇼핑몰 업무를 총괄하게 되었고, 팀 내 에이스로 인정받으면서 월급도 자연스럽게 올랐다. 그 경험을 살려 1:1 스타일링 컨설팅을 시작하게 되었고, 좋아하는 일로 다른 이들에게 도움을 주는 뜻깊은 경험을 하게 되었다. 이처럼 긍정적인 자아 이미지를 만드는 것은 피드백을 어떻게 받아들이고 활용하느냐에 달려 있다. 긍정적인 피드백은 자신감을 주고, 부정적인 피드백은 성장의 기회를 제공한다. 만약 부정적인 피드백에 위축되기만 했다면, 지금의 나는 없었을 것이다. 현재의 대우에 상관없이, 앞으로 어떤 사람으로 성장할지는 자신이 선택할 수 있다. 긍정적인 피드백을 희망의 씨앗으로 키우고, 부정적인 피드백을 성숙의 자양분으로 삼자. "오히려 그 사람 덕분에 이만큼 성장했다!"라고 당당히 말할 수 있는 날이 올 것이다.

세상에 피드백에서 자유로운 사람은 없다. 유년기에는 부모님의 교육을, 청소년기에는 선생님의 지도를, 사회 초년기에는 직장 상사의 피드백을 받으며 우리는 타인의 의견에 영향을 받는다. 그러나 부정적으로 받아들이면 자신에게 가장 큰 괴로움과 스트레스로 이어질 수 있다. 따라서 부정적인 피드백을 긍정적으로 활용하는 방법을 배워야 한다.

먼저 부정적인 피드백을 받을 때 느끼는 감정을 수용하는 것이 첫 번째 단계이다. 피드백을 받을 때 느끼는 감정을 인식하고 이를 자연스럽게 받아들이는 것이 중요하다. 기대와 다른 말을 들을 때 우리가 느끼는 실망감이나 부끄러움은 인간으로서 당연히 생겨나는 건강한 감정이다. 오히려 감정을 부정하거나 억압하면 더욱 큰 스트레스가 쌓이게 된다. 따라서 스스로에게 "내가 느끼는 이 감정은 자연스러운 거야."라고 말해보며, 감정의 흐름을 수용해보자.

또한, 감정의 의도를 파악하는 것도 중요하다. 감정은 단순한 반응이 아닌, 당신의 내면을 이해하는 열쇠이기 때문이다. 이렇게 말해보자.

"사실 나는 ○○○를 (겪은) 상황에서 ○○○○를 (나의 대처 혹은 상대방의 행동) 원했어."

이렇듯 감정이 나에게 전하는 의도를 탐구할 수도 있다. 이러한 자기 대화는 감정의 긍정적인 측면을 이해하고 삶의 질을 높이는 데 기여할 수 있다.

더불어 감정적 반응 줄이는 것도 중요하다. 피드백에 대한 반응은 종종 감정적이다. 이는 뇌의 편도체인 '아미그달라'가 감정적 자극에 우선적으로 반응하기 때문이다. 아미그달라는 우리의 생존에만 관심이 있으며, 이 순간이 나에게 '유리한가' 혹은 '불리한가'를 판단하여 즉각적인 감정 반응을 유도한다. 따라서 이러한 감정적 반응을 줄이고 이성적인 대처를 하기 위해 피드백을 받는 순간, "이 상황에서 내가 무엇을 할 수 있을까?"라는 질문을 던져보자. 이렇게 하면 두뇌는 초점에 따라 다른 해결책을 제시하게 된다. 특정 문제에 대한 초점이 바뀌면, 다양한 관점에서 문제를 바라보며 새로운 아이디어나 해결책을 생성하는 데 도움을 줄 수 있다. 그리고 불공정한 피드백을 반면교사로 삼을 수 있다. 객관적으로 불공정한 피드백을 받았을 경우 "나는 저렇게는 하지 말아야지"라는 마음가짐을 통해 더 나은 행동 방식을 갖추는 기회로 삼을 수 있다. 이를 통해 자신의 행동을 돌아보며 앞으로의 행동 방식을 개선할 기회를 찾아볼 수 있다.

부정적인 피드백을 긍정적으로 활용하는 것은 단순한 기술이 아니라, 자기 성장의 기회로 삼는 지혜이다. 우리는 실패와 비판 속에서도 배울 수 있는 능력을 가지고 있으며, 부정적인 경험이 오히려 긍정적인 자산으로 변모하게 된다. 이를 통해 더 강하고 지혜로운 자신으로 거듭날 수 있다.

===== 비틀린 나무가 바람을 견딘다!
같은 것을 다르게 바라보는 힘

옛날 숲속, 아름다운 소나무와 비틀린 느티나무가 있었다. 소나무는 자신의 곧고 우아한 모습에 자부심을 느끼며 느티나무를 비웃었다.

"너는 왜 그렇게 비틀렸니?"

느티나무는 그 말에 아랑곳하지 않고 옅은 미소를 지었다. 그러던 어느 날, 거센 폭풍이 불어닥쳤다. 소나무는 그 강한 바람에 가지가 부러지고 말았다. 하지만 느티나무는 비틀린 덕분에 폭풍을 피할 수 있었고, 오히려 다른 숲속의 생명들에게 안전한 피난처가 되어주었다. 소나무는 그제야 깨달았다.

"나는 내 장점만 사랑했는데, 너는 약점으로 사랑받고 있구나."

느티나무는 이렇게 대답했다.

"우리는 각자 다른 모습으로 존재해. 진정한 가치는 서로를 이해하고 돕는 데 있어."

이 우화는 우리에게 중요한 교훈을 준다. 비틀린 느티나무처럼, 약점은 단순한 장애물이 아니다. 오히려 자신의 가능성을 발견할 기회이다. 마하트마 간디는 "약점이 아니라 약점을 통해 성장하고, 배우는 과정이 진정한 강함이다"라는 말을 남겼다. 이러한 관점 변화는 삶의 많은 영역에서 긍정적인 변화를 가져온다. 우리의 약점은 다른 이들을 도울 수 있는 힘을 갖출 수 있다. 따라서 약점을 드러내는 것을 두려워 말고, 그것을 성장의 기회로 삼아야 한다.

우선, 당신이 평소 약점이라 생각했던 면이 있는지 생각해보아야 한다. 그리고 왜 그것을 약점이라고 생각했는지 이유도 함께 적어보자.

1. 약점을 인정하라

예를 들어, "나는 발표 공포증이 있다. 사람들 앞에 서면 온몸이 굳어 항상 발표를 망쳐 속상하다."라는 식으로 자신의 약점을 인식하는 것이 첫걸음이다. 약점을 인정하는 것은 변화의 시작이다.

2. 약점의 배경을 탐구하라

다음으로 약점의 배경을 탐구해보자. 약점이 생긴 이유와 그 뒤에 숨겨진 욕구를 이해해보아야 한다. 예를 들어 "나는 발표를 두려워하지만, 사실 잘 해내고 싶은 열정과 야망이 있다."라는 식으로, 약점 뒤에 숨겨진 욕구를 통찰하는 것은 자신을 더 깊이 이해하는 데 도움이 된다.

3. 약점의 시작점을 찾아보자

약점이 언제부터 시작되었는지, 현재의 자신에게 어떤 영향을 미치는지 생각해보는 기회가 될 수 있다. 예를 들어 "과거에 발표하다가 실수한 적이 있었다. 그 이후 발표 전에 과도한 긴장을 한다."라고 적는다면, 약점의 기원을 찾는 데 도움이 되며, 그 문제를 해결하는 데 중요한 단서가 된다.

4. 약점을 이해하라

또한, 약점을 이해하는 과정도 중요하다. 예를 들어 "비슷한 실수를 할까 봐 걱정하는 자신을 이해하게 되었다. 이제는 실수를 하더라도 자책이 아닌 격려를 하고 싶다."라는 식의 공감과 연민의 마음은 두려움보다 새로운 변화를 주도하는 힘이 된다. 자신이 느끼는 두려움과 걱정을 받아들이고, 이를 통해 성장할 기회를 찾는 것이 중요하다.

5. 약점을 극복하기 위한 구체적인 행동 계획을 세워보자

예를 들어, "한 달에 1번 독서 모임에 참여해 발표할 기회를 만든다."라는 작은 목표를 통해 점진적으로 자신감을 키워나갈 수 있다. 작은 목표를 설정하고, 두려운 상황과 마주하며 마음의 장벽을 낮춰보아야 한다.

6. 긍정적인 변화의 영향을 생각해보자

약점을 극복한 후의 자신을 상상해보자. 예를 들어, "발표가 오히려 숨겨진 나의 가능성을 발견하는 기회가 되었다."라는 식으로 이렇게 긍정적인 변화를 겪는 자신의 모습을 상상하면 구체적인 행동을 실천할 의지가 생긴다. 이처럼 모든 변화는 관점에서 시작된다.

유명한 작가 마야 안젤루가 "당신이 어떤 일을 하든, 당신의 약점은 당신의 일부일 뿐이다."라고 말했듯, 약점을 받아들인다면, 당신만의 새로운 이야기를 만들어갈 수 있다.

당신은 그동안 약점을 어떤 시각으로 바라보고 있었는가? 우리는 약점을 통해 더 강한 자신으로 성장할 기회를 만들 수 있다. 긍정적인 관점이 새로운 변화를 이끄는 힘이라는 사실을 기억하자.

도전하는 과정을 담은 성장일기

    중학교 시절, 나는 디자이너라는 꿈을 품고 있었다. 그러나 그 꿈이 사라진 이후, 내 앞에 펼쳐진 길은 모호해졌다. 명확한 해답을 찾기 위해 다양한 직업에 도전했다. 고깃집 점원, 전시회 안내원, 강연회 방청객, 리서칭 알바, 드라마-CF 엑스트라 알바, 길거리 인터뷰 MC, 베이비시터, 학원 매니저, 행사MC, 콘텐츠 회사PD, 강사, 라디오 DJ, 한복 모델, 자기계발 유튜버, 실시간 방송MC 등…. 할까 말까 하는 일엔 일단 'JUST DO IT!' 도전했다.

    하지만 생각보다 내가 원하는 직업을 찾는 것이 쉽지 않았다. 다른 친구들은 한 분야에서 자리를 잡고 커리어를 쌓아 가는데, 나는 방황하는 기분이 들었다. 그러던 중 한 지인이 내게 말했다.

"너는 왜 자기계발만 해? 네가 교수도 아니고, 책을 쓴 작가도 아닌데 앞으로 네 인생 어쩌려고 그래?"

그 말을 들을 때 가슴 속에 뜨거운 울렁거림이 느껴졌고, 부끄러웠다. 마치 내가 치열하게 보내온 삶이 모두 부정당한 것 같은 기분이 들었다. 이 답답한 마음을 털어놓을 곳이 없어 무작정 걷기 시작했다.

"나는 어떤 사람일까?"

"앞으로 내 미래는 어떻게 되는 거지?"

"내가 잘못 살아온 걸까?" 그러나 온종일 걸어도 그에 대한 해답은 나오지 않았다. 혼자 어두운 벤치에 앉아 가로등 아래서 휴대폰 속에 적은 일기들을 꺼내 보았다. 8년 전부터 적어온 일기가 어느덧 500개가 넘게 쌓여 있었다. 그 일기를 읽다 보니 눈물이 났다. 그동안 내가 살아온 삶이 파노라마처럼 스쳐 지나갔다. 한마디가 뭐라고, 내가 그동안 살아왔던 경험을 스스로 알아주지 못했다는 것에 미안했다. 그리고 그 일기 속엔 내가 찾던 해답이 들어있었다. 나는 어떤 사람이고, 언제 행복한지. 어떤 일을 하고 싶은지도 이미 적혀 있었다.

나는 그때 깨달았다. 모든 해답은 내 안에 있다는 사실을. 그동안 해온 많은 일들은 결코 쓸모없는 일이 아니었다. 앞으로 내가 나아갈 미래를 향한 준비의 과정이었고, 어떤 일에도 굴하지 않을 맷집을 키우는 성장 과정이었다. "점을 무수히 많이 찍으면 선이 되고, 선이 여러 개 모이면 면이 된다"라는 말처럼, 막막해도 멈추지 않고 점을 찍어온 자신에게 깊은 고마움을 느꼈다.

그래서 나는 오늘도 성장일기를 적는다. 아무도 나를 믿지 않을 때, 나 자신만큼은 내가 살아온 과정을 존중하고 믿어주어야 하기 때문이다. 나의 성장 과정을 생생하게 담은 일기는 돈으로 환산할 수 없는 가치 있는 자산이자 보물이다. 이 일기는 스스로 어떤 사람인지, 앞으로 삶을 어떻게 살아가고 싶은지를 일깨워주는 나침반이자, 고마운 친구이다. 나의 성장일기를 읽고 있는 당신도 자신만의 여정을 기록하며, 그 속에서 자신을 발견하고 성장하는 기회를 놓치지 않기를 바란다. 삶의 모든 경험은 결국 나를 위한 소중한 자산이 될 것이며, 그 과정에서 우리는 더욱 빛나는 존재가 될 것이다.

나를 알아가는 소중한 시간
: 나만의 성장일기 쓰는 방법

"하율아, 성장일기 적어보는 거 어때? 훗날, 네 인생의 자산이 될 거야."

부모님의 이 말씀에 힘입어, 나는 8년간 일기를 쓰기 시작했다. 이 과정에서 느낀 점은, 일기를 쓰는 것이 마치 연애를 시작할 때 서로를 알아가는 대화와 같다는 것이다. 질문을 던지며 나의 마음, 생각, 감정들을 탐구할 수 있다.

하지만 처음 일기를 쓸 때는 무엇부터 적어야 할지 막막할 수 있다. 그래서 조금 더 쉽게 접근할 수 있도록 몇 가지 질문을 준비했다. 이 질문들을 통해 당신만의 성장일기를 작성해보자.

1. 당신이 오늘 겪은 일 중 가장 기억에 남는 일은 무엇인가?", 그리고 그때 느
   낀 감정과 그 일이 기억에 남는 이유는 무엇인가?

   이를 통해 하루를 돌아보며 자신이 어떤 경험에 가치를 두는
지를 알 수 있다.

2. 오늘 당신이 이룬 작은 성취는 무엇인가? 그 성취를 이루었을 때 어떤 기분
   이 들었는가?

   작은 성취를 기록하는 것은 자신감을 높이는 데 도움이 된다.
일상 속에서 스스로 이룬 작은 목표를 돌아보며, 자신이 얼마나
성장했는지를 인식하며, 칭찬을 해주자.

3. 오늘 어떤 도전 과제가 있었는가? 그 도전을 해내기 위해 어떤 시도를 했는가?

   어떤 시도를 했는지를 적어보면, 앞으로의 도전에도 긍정적
인 태도를 유지할 수 있다. 또한, 도전 과제를 기록함으로써 자
신의 문제 해결 능력과 가치관을 인식할 수 있다.

4. 오늘 하루를 보내며 감사했던 일 3가지를 적어본다.

   그냥 무심코 지나친 것들의 소중함을 되새기며, 긍정적인 시
각을 키울 수 있다. 감사하는 마음은 활력있는 일상의 원동력이
자, 만족감을 높여준다.

5. 오늘 당신을 행복하게 만든 것은 무엇인가?

   사랑하는 사람과의 대화, 맛있는 음식, 자연의 아름다움 등 일

상 속의 작은 기쁨들을 해보자 우리를 행복하게 만드는 원천을 발견할 수 있다. 삶을 이루는 작은 행복의 요소가 모여 큰 행복을 만들어낸다는 사실을 잊지말자. 그리고 오늘 나에게 칭찬하고 싶은 점은 무엇인지 생각해보자. 우리는 스스로에게 칭찬을 해주며, 자신을 더욱 사랑하는 법을 배울 수 있다.

6. 당신의 장기 및 단기 목표는 무엇인가? 오늘 한 일이 그 목표와 어떻게 연결되는가?

목표를 명확히 인지함으로써 내일의 목표 설정에 도움이 된다. 또한 목표를 함께 기록하는 것은 자신의 방향성을 잃지 않고 지속적으로 성장할 수 있는 길이 된다.

작심삼일은 이제 그만! 성장일기의 지속력을 높이는 방법]

성장일기는 지속성이 중요하다. 나는 8년간 일기를 써오며, 작심삼일로 끝나지 않도록 다음의 방법을 통해 일기를 적는 습관을 만들었다. 먼저 '주제를 정하는 것'이 가장 중요하다. 성장하고 싶은 부분을 명확히 정해보자. 예를 들어, 좋은 습관 만들기, 여행 에피소드, 건강한 생활 습관 만들기 등 다양한 주제를 선택할 수 있다. 주제를 정함으로써 목표가 구체화되고, 그에 따른 실행 과정을 기록할 수 있다.

연구에 따르면, 목표를 구체적으로 설정할수록 성취 가능성이 높아진다고 한다. 또한, 성장의 기록 도구는 자신에게 편리해야 한다. 휴대폰, 노트북, 공책 등 다양한 방법 중에서 자신에게 맞는 도구를 선택하자. 예를 들어, 스마트폰의 메모 앱을 활용하면 언제 어디서나 쉽게 기록할 수 있다. 자신에게 맞는 도구를 선택함으로써 기록의 부담을 줄이고, 지속성을 높일 수 있다. 그리고 일기를 쓰는 특정 시간을 정해두면 습관 형성에 도움이 된다. 일과 후나 아침에 일어나자마자 쓰는 것이 좋다. 정해진 시간에 일기를 쓰는 것은 일상의 루틴으로 자리 잡아, 자연스럽게 기록하는 습관을 만들어준다. 또한, 보상 시스템을 활용하는 방법도 도움이 된다. '한 달 동안 매일 일기 쓰기' 같은 목표를 세우고 이를 달성했을 때 자신에게 작은 보상을 주는 것이다. 보상은 동기부여를 강화하고, 목표 달성의 기쁨을 느끼게 해준다. 긍정적인 보상은 지속적인 행동 변화를 이끌어내는 데 중요한 역할을 한다. 또한, 자신의 성장일기를 정기적으로 읽어보며 피드백을 해보자. 이를 통해 자신의 변화와 성장을 명확히 인식할 수 있다. 피드백은 자기 인식을 높이고, 앞으로 나아갈 방향을 설정하는 데 도움을 준다.

지속적인 자기반성은 개인의 발전에 필수적이다. 그리고 가족이나 친구들과 함께 성장일기를 적고 이를 나누어 보는 것도 좋다. 서로의 이야기를 듣고 공감함으로써 위로와 격려를 받을 수 있기 때문이다. 이는 서로의 성장에 긍정적인 영향을 미치며, 사회적 지지를 통해 더욱 강한 동기를 부여받을 수 있다.

옥스퍼드 사전에는 '세렌디피티'라는 어휘가 있다. 이는 '예상치 못한 기쁨을 주는 것을 우연히 발견하는 능력'이라고 정의한다. 자신의 성장을 기록하다 보면 일상 속 크고 작은 기쁨을 찾으며, 더욱 오래 기억할 수 있다. 심리학자 앨버트 반두라의 자기효능감 이론에 따르면, 개인이 자신의 능력을 믿을 때, 더 높은 성과를 달성할 가능성이 높아진다. 자신에 대한 흔들리지 않는 믿음은 우리의 야망을 뒷받침하는 원동력이다.

우리는 모두 각자 다른 존재이며, 세상에 단 하나뿐인 고유한 존재이다. 그런 자신을 사랑하며 자신이 선택한 길을 믿고, 매일 조금씩 성장하는 모습에 대한 자신감을 갖는 연습을 해보자. 이는 당신이 새로운 시도를 꺼리지 않고, 더욱 멋지고 흥미로운 경험을 할 수 있도록 도울 것이다.

Chapter. 3

유리 멘탈을
강철 멘탈로
바꾸는 비결

극한의 상황에서 느끼는
감정을 수용하라

예전의 나는 유리 멘탈의 소유자라고 생각했지만, 첫 배낭여행을 성공적으로 마친 후, 나의 가능성을 한계짓던 사람은 바로 나 자신이라는 사실을 깨달았다. 그래서 새로운 도전을 결심했다. 바로 죽기 전 꼭 해보고 싶었던 스카이다이빙이었다. 이 무모한 도전이 나를 한 단계 더 업그레이드시켜 줄 것이라는 희망이 나를 이끌었다.

체험 당일, 공포감이 밀려왔다. 뉴스에서 본 사고들이 머릿속을 스쳤고, 그 주인공이 나일까 하는 두려움이 엄습했다. 하지만 초심을 되새기며 경비행기에 올랐다. 창밖으로 보이는 작아진 건물들과 흰 구름이 내 옆을 지나가는 모습을 보며 가슴이 쿵쾅댔다. 비행기가 멈추고 문이 열리자, 구름 말고는 아무것도 보이지 않았다. 다리까지 후들거렸지만, 이것이 바로 나에게 가장 필요했던 상황이라는 사실을 깨달았다. 나는 요동치는 심장에 손을 얹고 마음을 다독였다.

"걱정되고 불안할 수 있어. 자연스러운 일이야. 하지만 이 경험을 통해 더욱 성장할 네 모습을 떠올려봐."

이렇게 자신에게 말할수록 강한 용기가 생겼다. 카운트다운에 맞춰 나는 하늘로 몸을 던졌다. 상공 4,500미터, 시속 200킬로미터의 고공 낙하로 인해 온몸에 소름이 돋았다. 거센 바람과 끝도 없이 떨어지는 느낌이 들었지만, 곧 낙하산이 펼쳐지고 눈을 떴을 땐, 마치 파라다이스에 온 듯한 느낌이 들었다. 티 없이 맑은 파란 하늘과 그림 같은 자연 풍경을 보며, 결국 이 일을 해냈다는 감동과 성취감이 나를 따뜻하게 감싸 안았다.

스카이다이빙은 단순한 체험이 아니었다. 극한의 상황에서 느끼는 두렵고 불안한 감정을 있는 그대로 받아들일 때 용기가 생긴다는 사실을 깨닫게 해준 특별한 경험이었다. 누구나 극한의 상황에서는 부정적인 생각과 감정이 들 수 있다. 그러나 두려움과 불안은 사람이 느낄 수 있는 자연스러운 감정이다. "이 또한 지나가리라"라는 말처럼, 아무리 힘든 감정도 결국 지나가기 마련이다. 극한의 상황에서 느끼는 감정을 받아들이고 그 속에서 자신을 발견하는 여정에서 우리는 성장을 한다.

당신의 강철 멘탈은 이미 당신 안에 존재한다. 단지, 그것을 깨우는 용기만 필요할 뿐이다. 이 순간을 통해 한 단계 더 업그레이드 될 자신의 모습을 상상하면, 숨겨진 용기를 발휘하게 되는 특별한 경험이 될 것이다.

10년 만에 풀코스 마라톤에 도전하게 되었지만, 예상치 못한 위기가 찾아왔다. 몸 컨디션은 평소의 10%에 불과하고, 멘탈도 흔들리기 시작했다. 하지만 '내 마음의 주인은 바로 자신'이라는 사실을 기억하며 위기를 극복할 수 있었다. 이 경험을 통해 극한의 감정을 수용하는 자기 독백의 힘을 깨닫게 되었다. 극한의 상황에 직면했을 때, 생각의 고리를 끊는 것이 가장 중요하다. 연구에 따르면 사람들은 하루에 수십 번에서 수백 번까지 자기 대화를 나눈다. 이는 감정 조절과 문제 해결에 중요한 역할을 하지만, 극한의 상황에서는 부정적인 자기 대화의 빈도가 증가한다. 이때 이 책에서 소개한 '호흡법'을 활용해 생각의 고리를 끊어보자.

먼저 코로 5초 동안 깊게 숨을 들이마시고, 5초 동안 숨을 참은 후, 입으로 5초 동안 천천히 숨을 내쉰다. 그리고 "아~, 편안하다~"라고 말하며 자신이 편안함을 느끼는 상황을 떠올려보자. 예를 들어, 보드라운 이불을 덮고 있는 모습, 사랑하는 사람과 함께 있는 순간도 좋다. 긍정적인 상상은 부정적인 생각의 고리를 끊는 데 효과적인 방법이다. 그 다음은 자신의 감정을 인식하는 것이다. 감정인식은 두려움을 극복하는 첫 걸음이다. 영화 속 주인공들이 자기 독백을 통해 내면의 갈등을 드러내는 장면을 보듯, 우리도 독백을 통해 감정을 확인하고 수용할 수 있다.

다른 사람과의 대화에서도 중요한 것은 눈맞춤이다. 상대방의 눈을 바라보면 자신이 존중받고 있다는 느낌이 들어 마음속

이야기가 술술 나온다. 이와 같이 거울 속 자신과 대화를 나눠보면 처음엔 조금 어색하더라도, 보다 솔직한 감정을 표현하고, 이를 받아들이는 데 도움이 된다. 먼저 "나는 지금 ○○○의 감정을 느끼고 있다"라고 명확히 말함으로써 현재 느끼는 감정을 인식할 수 있다. 또한, 자신의 감정을 명확히 인식한 후, 그 원인을 탐구하는 것이 중요하다. "너는 무엇 때문에, 불안해하는 거니?"와 같은 질문을 통해 어떤 특정한 생각이나 상상이 감정을 유발하는지 인지할 수 있다. 그리고 "이 불안함이 너에게 어떤 영향을 미치고 있니?"라는 질문을 통해 일상생활에 미치는 영향을 분석해보자. 또한 "과거에 불안함을 느꼈던 비슷한 상황이 연결되어 있니?"라는 질문을 통해 과거의 경험과 현재 처한 상황의 연관성을 탐구해볼 수 있다. 그리고 두려움의 핵심 뿌리인 불확실성에 대한 문제를 해결해보자.

"네가 생각하는 최악의 상황은 뭐야?"

"그 상황에 대비하는 방안은 무엇일까?"

최악의 상황을 상상해보고, 그에 대처할 수 있는 현실적인 방안을 찾으면, 이를 실행하면서 불안감을 줄일 수 있다. 실제 상황에서도 보다 효과적인 방법으로 대응할 수도 있다.

마지막으로 "이 도전에서 너를 지지해줄 수 있는 사람은 누구일까?"라는 질문을 통해 지원을 받을 수 있는 사람들을 확인해본다. 이 과정에서 우리는 혼자가 아니라는 것을 느낄 수 있다. 또한, 도움을 요청하는 용기도 생기고, 실제로 필요한 도움을 받는데 많이 유익하다. 이러한 생각은 감정적으로도 큰 위안이 된다.

극한의 순간에 마주할 때, 자신의 목소리에 귀 기울이고, 긍정적인 대화를 통해 스스로를 격려하는 것이야말로 진정한 강함의 시작이다. 강철 멘탈은 자기 독백을 통해 솔직한 내 감정을 이해하고, 받아들이는 것에서 시작된다는 사실을 기억하자.

════ 큰 폭풍을 넘어, 내 안의 숨은 용기를 발견하라!

옛날, 한 작은 섬에 용감한 바다 거북이가 살고 있었다. 그는 파도를 헤치며 항해를 즐겼지만, 어느 날 갑작스러운 폭풍을 만나게 되었다. 거센 바람과 높은 파도에 휘말리며 극심한 두려움을 느끼던 그때, 지혜로운 늙은 고래가 나타났다. 고래는 부드러운 목소리로 말했다.

"작은 친구야, 두려움은 너의 일부가 아니란다. 그것은 단지 지나가는 감정일 뿐이다."

고래의 말을 듣고 바다 거북이는 두려움을 직시했다. 마치 파도처럼 감정이 일어났다 사라진다는 사실을 깨달았다. 그 덕분에 그는 평정심을 되찾고, 무사히 폭풍에서 빠져나올 수 있었다. 이후 바다에서 크고 작은 폭풍을 만나도, 그는 언제나 이 교훈을 기억했다.

"나는 두려움을 느끼고 있지만, 감정은 내가 아니야. 단지 지나가는 파도일 뿐이다!"

여러 번의 파도를 겪으며 성장한 바다 거북이는 어떤 폭풍에도 주저하지 않고 헤엄치며, 더 넓은 바다를 누빌 수 있게 되었다.

인생은 마치 넓고 깊은 바다를 항해하는 것과 같다. 처음에는 잔잔해 보이지만, 때로는 예상치 못한 파도에 휩쓸리기도 한다. 그러나 격렬한 파도 속에서 균형을 잡고 자신을 지키는 과정에서 우리는 더욱 강철 같은 멘탈로 거듭난다. 그러니 앞으로의 항해에서도 감정의 파도를 두려워하지 말고, 이를 환영하자.

극복의 힘은 언제나 내 안에 존재한다. "두려움은 단지 지나가는 감정일 뿐, 당신의 진정한 힘은 그 너머에 있다."라는 말을 기억하며 항해를 계속해 나가자. 인생은 파도 속에서 만들어지는 아름다운 모험이며, 우리는 이를 통해 더 깊이 있는 삶을 살고, 각자의 이야기를 만들어나갈 수 있다.

장애물이 아닌,
해결책에만 집중하라

대학교를 졸업한 후, 영상 제작 회사에 매니저로 입사한 나는 새로운 세계에 발을 들였다. 스타트업의 특성상 맡은 업무는 다양했고, 라이브 쇼핑 방송 기획, SNS 마케팅, 홈페이지 관리 등 배워야 할 것이 산더미처럼 쌓여 있었다. 처음에는 "무엇이든 맡겨만 주십시오!"라는 열정으로 가득했지만, 1인 다역을 하다 보니 어느 것 하나 제대로 해내지 못하는 상황이 반복되었다. "이번에도 결과가 안 좋으면 어쩌지?"라는 걱정은 나를 위축시켰고, 사소한 말과 행동 하나에 눈치를 보게 만들었다. 결국, "이 일 잘해내지 못하면, 넌 회사에서 가치가 없는 거야"라는 충격적인 말을 듣게 되었다.

그 순간, 깊은 절망감이 밀려왔지만, 한편으로는 오기가 생겼다. 위기를 발판 삼아 반드시 성장하리라 결심한 나는, 어떻게 하면 이 일을 잘 해낼 수 있을지에만 집중하기로 했다. 먼저 피드백을 메모하여 같은 실수를 반복하지 않도록 노력했고, 서점을 돌아다니며 관련 분야의 서적을 모두 사서 읽고 나에게 적용했다. 야근도 불사하며 작업물을 완벽히 끝내기 위해 최선을 다했다. 주말에는 동종 분야 종사자 강의를 듣고, 라이브 쇼핑 쇼호스트 학원까지 다니며 새로운 분야에 완전히 빠져들었다. 결국, 초기에는 한 시간에 10만 원 매출이었던 방송이 몇백만 원대의 매출로 상승했다.

실력을 쌓고 나니 회사 내에서 명확한 포지션이 생겼다. 장애물이 아닌 해결책을 찾는 데 집중한 뒤, 피드백을 받더라도 타인의 평가에 휘둘리지 않고 자신의 역량을 키우는 데 정신을 집중할 수 있었다. 덕분에 어떤 평가든 긍정적으로 받아들일 수 있었다. 내가 이 과정에서 배운 것은 단순한 지식이나 기술이 아닌, 문제를 해결하는 태도였다.

우리는 종종 충격적인 말을 듣게 된다. 그럴 때 가장 먼저 해야 할 일은 자신의 현재 위치를 인정하는 것이다. 졸업 후 갓 입사한 신입사원은 회사에서 경력이 오래된 전문가들의 눈에 부족함이 보일 수밖에 없다. 하지만 객관적인 현실을 직시한 후, 나는 좌절 대신 더 나아질 수 있다는 희망을 발견하였다. 피드백은 단순히 위축시키는 요소가 아닌, 실력을 업그레이드시킬 '좋은 기회'로 보아야 한다. 유리온실 속 화초보다 바람에 견딘 들꽃이 강하듯, 끈질기게 버티는 사람이 성공한다.

사자성어 중 '절차탁마'라는 말이 있다. 이는 꾸준한 노력과 수양을 통해 능력과 학문, 그리고 인격을 옥처럼 갈고 닦는다는 의미를 지닌다. 자신을 발전시키기 위해 감정을 다스리며, 이를 성장의 기회로 삼는다면, 당신은 단단히 쌓아올린 성처럼 훌륭한 실력을 갖출 수 있다. 만약 지금 당신 앞에 장애물이 있다면, 그것은 강철 멘탈로 진화하는 과정 속에 있다는 사실을 기억하자.

유리에서 강철 멘탈로 변화하는 '해피엔딩 사고법'

회사의 경직된 분위기 속에서 웃는 것도 눈치가 보였던 시절, 나는 〈신데렐라〉 영화 속 주인공을 떠올렸다. 그녀는 어떠한 구박에도 불구하고 결국 해피엔딩을 맞이했다. 이처럼 주인공이 어려운 시기를 겪더라도 결국 잘 극복해낼 것이라는 믿음은 보는 이에게 편안함을 준다. 그렇다면, 이 주인공을 '나'라고 생각해보면 어떨까? 비록 현실은 깍두기일지라도, 에이스가 되기 위한 과정을 거치고 있다고 믿는다면, 더는 내가 초라해 보이지 않을 것이다. 오히려 스스로에 대한 기대감이 생기고, 어려움 속에서도 숨은 의미를 발견할 수 있다.

이제 당신도 원하는 최상의 결과를 상상하며 현재의 장애물을 바라보고, 이를 현명하게 해결할 방법을 알아보자. 먼저 육하원칙에 따른 해피엔딩을 정해보자.

우선 '누가(Who)?'이다. 주인공의 이름과 직업은 무엇이며, 어떤 배경을 가지고 있는가? 주인공의 성격, 가치관, 좌우명을 구체적으로 적어보자. 예를 들어, "내 이름은 하윤이고, 대학교를 갓 졸업한 신입사원이다. 유리 멘탈인 나지만, '마음먹으면 해내고야 만다'라는 가치관을 가졌다."라는 자기 인식은 자신의 특성을 이해하고, 앞으로 나아갈 방향을 설정하는 데 중요한 첫걸음이 된다.

다음은 '무엇을(What)?'이다. 주인공이 이루고자 하는 목표는 무엇인가? 명확한 목표를 정하자. 예를 들어, "회사의 매출을 지금보다 10배 올리고, 주변 상사와 동료에게 실력을 인정받는다."라는 긍정적인 결과를 구체적으로 떠올리는 것이 중요하다. 목표가 명확할수록 그 목표를 향한 행동이 더 효과적이 된다.

다음은 '왜(Why)?'이다. 주인공이 이 목표를 이루기 위해 노력하는 이유는 무엇인가? 이 목표가 당신에게 어떤 의미가 있는지 생각해보자. 예를 들어, "내 가치를 증명해내고 싶어서."라는 이유를 적어볼 수 있다. 당신의 'Why'는 명확한 동기를 부여하고, 어려운 상황에서도 포기하지 않고 지속적인 노력을 이끌어낸다.

그다음은 '어디서(Where)?'이다. 해피엔딩이 발생하는 시점, 당신이 있는 그 장소는 어디인가? 구체적인 장소와 분위기를 떠올려보자. 예를 들어, "팀 회의가 열리는 회의실은 축제처럼 화기애애한 분위기이다. 주변 동료는 나에게 축하의 말을 건넨다."처럼 장소를 상상하는 것은 해피엔딩의 결말을 더욱 구체적이고 생생하게 만든다. 긍정적인 감정을 불러일으키고, 원하는 해피엔딩으로 가기 위한 명확한 동기를 부여한다.

다음은 '언제(When)?'이다. 이 해피엔딩이 이루어지는 시점은 언제인가? 구체적인 데드라인을 설정해보자. 예를 들어, "내가

30세가 되는 1년 뒤의 시점."처럼 목표 달성 시점의 설정은 목표에 대한 긴급성을 부여하고, 그 목표를 향한 행동을 촉진하는 데 도움이 된다.

다음은 해피엔딩 사고법에서 가장 중요한 '어떻게(How)?'이다. 주인공이 해피엔딩을 이루기 위해 어떤 구체적인 행동을 취할 것인가? 어떤 작은 단계부터 시작할 수 있을지 떠올려보자. 이때 의문형 확언을 사용할 수 있다. 예를 들어, "내가 이룬 성과를 달성하기 위해 어떤 과정을 거쳤을까?", "목표 달성을 위해 나는 어떤 마음가짐을 가졌을까?", "나에게 도움되는 일은 무엇일까?"처럼 이뤄진 결과의 순간에서 생각하는 의문형 확언은 불안감이나 두려움을 줄이고 최선의 해결책을 찾는 방법이다. '왜 나에게 이런 일이!'라고 한탄하는 것이 아닌, '어떻게 내가 이 어려움을 극복했지?'라는 질문을 던지며 그 과정을 역행해 올라가야 한다. 결국, 해피엔딩 사고법은 단순한 긍정적 사고를 넘어, 목표를 향한 흔들리지 않을 믿음과 구체적인 행동을 통해 강철 멘탈을 갖추는 첫걸음이다.

이제 당신이 주인공으로 나오는 영화의 해피엔딩은 이미 정해져 있다. 현재 어떤 상황이든, 해피엔딩을 맞이할 당신은 이전과 다른 스토리를 써나갈 수 있다. 이제부터 당신의 해피엔딩을 향한 새로운 여정을 시작해보자!

태풍 뒤의 찾은 희망 : 실패를 넘어서는 방법

한 농부가 있었다. 그는 처음으로 푸른 옥수수밭을 가꾸며 매일 땀을 흘렸다. 그의 노력은 열매를 맺을 것처럼 보였다. 그러나 어느 날, 예상치 못한 큰 태풍이 휘몰아쳤고, 그의 밭은 폐허가 되었다. 그동안 열심히 일해온 농부는 절망에 빠졌다. 그러나 농부는 황량한 땅을 바라보며 마음을 다잡았다. 그는 더 이상 과거의 실패에 얽매이지 않기로 결심한 것이다.

이번에는 옥수수 대신 다양한 과일과 채소를 심었고, 정성을 다해 땅을 일구었다. 매일매일의 작은 변화에 기뻐하며 자신의 노력에 대한 믿음을 키워갔다. 시간이 흐르면서 그의 밭은 이전보다 더 풍성하고 맛있는 수확으로 가득 찼다. 농부는 중요한 사실을 깨달았다.

"문제는 나를 무너뜨리기 위한 것이 아니라, 나를 더 강하게 만들기 위한 기회였구나."

그는 어려움 속에서도 해결책을 찾고, 새로운 가능성을 열어가는 방법을 배웠다. 그의 모습은 마을 사람들에게도 큰 영감을 주었다.

이 우화는 우리에게 중요한 교훈을 준다. 그는 태풍을 겪으며 더 실력 있는 농부가 되었고, 이는 그의 삶을 더욱 풍요롭게 만들었다. 실패는 누구에게나 찾아온다. 하지만 그 순간에 절망하기보다는, 이를 기회로 삼아 새로운 방향으로 나아가는 것이 중요하다. 어려움 속에서도 해결책을 찾고, 새로운 가능성을 열어가는 것이 진정한 강철 멘탈을 만드는 길임을 잊지 말자. 실패는 끝이 아니라 새로운 시작이다.

발목 잡는
나쁜 습관을 끊어내라

　우리는 종종 나쁜 습관에 얽매여 살아간다. 나 역시 중학교 시절부터 시작된 껌 중독으로 인해 10년 동안 치과의 단골손님이 되었다. 공부할 때, 배고플 때, 습관처럼 껌을 씹는 것이 일상이 되었고, 그 결과 껌이 없으면 하루가 허전할 지경이었다. 하루에 300개까지 씹어본 경험이 있다면, 그 심각성을 이해할 수 있을 것이다. 이 나쁜 습관의 고리에서 벗어나기 위해서는 강한 결단이 필요했다. 그래서 새해 결심으로 혼자 번지점프를 하러 갔다.

　높은 곳에서의 공포는 나를 붙잡았지만, 그 순간 내가 할 수 있는 선택은 두 가지였다. 뛰어내리고 자유를 선택할 것인가, 아니면 안주하며 습관에 계속 붙잡혀 살 것인가. 점프대에 오르니 눈앞이 아찔했다. 그러나 나쁜 습관을 끊고 자유로워질 나를 떠올리며 "나는 할 수 있다!"라고 크게 외쳤다. 그리고 뛰어내렸다. 몸이 붕 뜨면서 마치 하늘을 자유롭게 나는 기분이었다. 그 후 껌 생각이 들 때마다 "너 이거 씹을래? 아니면 번지 하러 갈래?"라는 질문이 내 마음속에 떠오르며, 껌을 내려놓는 것이 자연스러워졌다.

이 경험을 통해 깨달은 중요한 사실은, 사람은 가장 큰 두려움을 피하기 위해 자신이 할 수 있는 차선책을 선택한다는 것이다. 그 후 껌 중독뿐만 아니라 크고 작은 나쁜 습관들을 동일한 방법으로 끊어냈다. 덕분에 의지력에 대한 강한 믿음이 생겼고, 행동의 자유를 얻었다. 나를 붙잡고 있던 나쁜 습관이 하나둘씩 사라지니, 큰 자신감이 생겼다. '오랜 시간 갖고 있던 나쁜 습관도 끊었는데, 이거라고 못할까?'라는 생각에 새로운 도전에도 용기 있게 뛰어들 수 있었다. 물론 자주 반복하던 습관을 끊는 것은 불편할 수 있다. 마치 매일 가던 익숙한 길을 버리고 새로운 길을 선택하는 것과 같기 때문이다. 그러나 그 습관이 나에게 도움이 되지 않는다면, 과감히 끊어낼 줄 알아야 한다. 자신의 생각과 행동을 선택할 수 있다는 믿음이 당신의 삶을 더 나은 방향으로 변화시킬 것이다.

"변화는 고통스럽지만, 변화가 없으면 고통은 더 크다."

반복된 습관을 돌아보고, 새로운 변화를 계획해보자. 변화는 강한 결단과 시작에서 비롯되며, 그 시작점은 바로 이 순간이다.

나쁜 습관 탐구하기 : 확실한 변화의 동기를 찾아라!

나쁜 습관을 끊는 것은 마치 성난 황소를 맨손으로 때려잡는 것과 같은 어려움이다. 우리의 뇌는 익숙한 것을 좋아하기 때문이다. 반복된 행동할 때마다 뇌의 신경 회로는 점점 강화된다. 시간이 지날수록 그 습관과 한 몸이 된 것처럼 자연스러운 행동 패턴이 된다. 뇌는 우리가 새로운 시도를 할 때 저항감과 불안감을 느끼게 한다. 우리는 이 불편한 느낌을 피하기 위해 결국, 과거의 습관으로 되돌아가고 만다. 이러한 과정은 점점 우리가 의식적으로 나쁜 습관을 끊기 어렵게 만든다. 하지만 이것을 이해한다면, 자신을 자책하는 것이 아닌, 필요한 노력을 시도하고 인내심을 발휘하며 변화의 길로 이끌어갈 수 있다.

먼저 습관 끊기에 가장 중요한 것은 '자기인식'이다. 하버드 대학교의 심리학자 다니엘 카너먼은 "자기 인식이 높을수록 사람들은 더 나은 결정을 내린다"라고 말했다. 따라서 변화를 원한다면, 자신을 남처럼 바라보며 반복된 습관을 관찰해보자.

우선 당신이 끊고 싶은 나쁜 습관을 종이에 모두 적어보자. 이렇게 하면 어떤 습관이 문제인지 명확해지고, 가장 힘든 습관을 선택하는 데 도움이 된다. 그리고 변화의 동기를 찾아야 한다. 사람은 강한 결단이 없다면, 쉽게 포기하고 익숙한 패턴으로 다시 돌아가게 될 것이다. 따라서 선택한 습관에 대해 다음 질문을 통해 왜 이 습관을 끊고 싶은지, 어떤 이유가 있는지를 생각해보자.

1. 우선 '당신이 이 습관을 계속 유지할 경우, 5년 후 당신의 모습은 어떤 모습인가?' 이 습관을 계속 유지했을 때의 미래를 상

상해보자. 자신이 어떤 대가를 치러야 할지를 인식하면, 변화에 대한 강한 동기부여가 생긴다.

2. 이번에는 '반대로 당신이 그 습관을 끊었을 때 어떤 긍정적인 변화가 생기는가?' 나쁜 습관을 끊었을 때의 긍정적인 효과를 떠올려보자. 예를 들어, 더 건강해지고, 자신감이 생기며, 주변 사람들의 인식이 긍정적으로 바뀔 수 있다. 이는 변화를 위한 명확한 동기를 제공할 것이다.

3. 당신이 그 습관을 시작하게 된 계기는 무엇인가? 이 습관이 어떻게 생겼는지, 어떤 상황이나 사람으로 인해 시작했는지를 생각해볼 수 있다. 예를 들어, 친구들이 자주 술을 마셔서 나도 따라 하게 된 경우, 주변 친구들이 흡연으로 인해 덩달아 시작한 경우도 있을 것이다. 다음은 '이 습관을 유지하는 데 어떤 보상이 있었는가?'를 생각해보자. 나쁜 습관이 계속되는 이유는 즉각적인 보상이 있기 때문이다. 예를 들어, 스트레스를 받을 때 과식을 하면 일시적으로 기분이 좋아지는 것처럼, 어떤 보상이 있는지 파악해보자.

4. 이 습관을 끊기 위해 어떤 노력을 했는가? 과거에 이 습관을 끊기 위해 시도했던 방법과 그 결과를 분석해보자. 어떤 방법이 효과적이었는지, 어떤 방법이 실패했는지를 알아보는 것이 중요하다.

5. 과거에 나쁜 습관을 성공적으로 끊은 사례가 있다면, 어떤 방법을 사용했는가? 과거에 성공적으로 나쁜 습관을 끊었던 경험을 떠올려보자. 어떤 방법이 효과적이었는지를 기억하면

현재의 도전에서도 자신감을 얻을 수 있다. 사람은 명확한 이유가 있으면 저절로 행동하게 된다. '이 습관은 고쳐야만 해!'라는 확고한 의지가 생겼다면, 이제는 나쁜 습관을 효과적으로 끊기 위해 다음의 방법들을 적용해보자.

나쁜 습관, 이젠 Good bye!
긍정적인 변화를 이끄는 실천 가이드

1. 한 번에 모든 나쁜 습관을 끊기는 쉽지 않다. 따라서 '단계별 목표를 설정'하는 것이 중요하다. 예를 들어, 스마트폰 사용을 한 번에 줄이겠다는 목표를 세운다면, 며칠 못가 중도 포기 선언을 할지 모른다. 그래서 처음에는 10분, 성공한 다음에는 20분 식으로 점점 목표를 높여나가는 것이다. 이렇게 하면 부담이 덜하고 지속적인 긍정적 피드백에 동기부여를 받아, 성공할 확률이 더 높아진다.

2. 나쁜 습관을 대체할 긍정적인 새로운 대안을 찾아보자. 나쁜 습관을 대체할 긍정적인 행동을 찾는 것이다. 이 대안은 과거 행동에서 얻었던 것만큼 유혹적이고 강력해야 한다. 예를 들어, 매일 밤늦도록 TV를 보는 습관이 있다면, 그 대신 자신이 좋아하는 친구와 함께 운동하는 방법도 좋은 대안이 될 수 있다. 연구에 따르면, 대체 행동이 긍정적인 감정을 유발할 때, 나쁜 습관을 줄이는 데 효과적이라고 한다.

3. 미리 긍정적인 환경을 조성해보자. 나쁜 습관을 유발하는 환경을 점검하고, 환경을 새롭게 바꿔볼 수 있다. 예를 들어, 과

자나 패스트푸드를 끊고 싶다면, 집에 그런 음식을 두지 않고 대신 몸에 좋은 견과류를 구비해 두는 것이다. 이는 습관적인 행동을 막고 새로운 행동을 선택하는 데 도움을 준다.

4. 불쑥 튀어나오는 습관의 충동이 들 때는 '체인지' 기법을 사용해보자. 이는 심리학에서 '행동을 빠르게 전환하는 기법'으로 잘 알려져 있다. "그래! 먹자"하며 냉장고에 손을 넣을 때 "체인지!"라고 정신이 번쩍 들 정도로 크게 외쳐보자. 이 간단한 외침이 자신이 하고 있는 행동을 인식하게 만들고, 무의식적인 행동 패턴에서 벗어나는 데 도움을 줄 것이다.

5. 또한, 습관이 충동적으로 올라올 때가 있다. 그럴 땐, 간절히 원하던 결과를 상상해보자. 예를 들어, 야식의 유혹이 들 때, 예쁜 옷을 쇼핑하는 상상이나 좋아하는 사람과 데이트하는 모습을 떠올려보자. 이러한 상상은 초심을 되새기며, 순간적인 충동을 줄여 후회할 행동을 하지 않도록 돕는다. 예를 들어, 단기 목표나 중기 목표를 세우고, 이를 달성할 때마다 자신이 갖고 싶었던 것을 선물해주는 것이다. 이렇게 하면 목표 달성에 대한 기대감이 커지며, 행동의 지속력을 높이는 데 효과적이다.

6. '성공한 롤모델'을 설정하라. 당신과 비슷한 습관을 이미 끊는 데 성공한 사람들의 사례를 찾아보자. 예를 들어, 탄수화물 중독을 끊고 원하는 몸매를 만든 사람을 찾고, 그의 극복 방법을 자신에게 적용해보는 노력을 할 수도 있다. 또한, 충동이 올라올 때 롤모델의 사진을 보며 "그래! 나도 해낼 수 있어 얼

마나 자유로워질지를 생각해봐!"라며, 다시 강한 의지를 다짐
할 수 있다.

7. 혼자서 나쁜 습관을 끊기 어려운 경우, 같은 목표를 가진 사람
   들과의 지원 그룹에 참여하는 것이 효과적이다. 이러한 그룹
   은 서로의 경험을 공유하고, 피드백을 주고받으며 지속적인
   동기부여의 원천이 된다. 다양한 소셜 미디어 플랫폼에서 나
   쁜 습관을 극복하고자 하는 사람들의 그룹을 찾아보자. 혹은
   지역 사회에서 운영하는 워크숍이나 세미나에 참여하여 직접
   사람들과 만나고 경험을 나누는 것도 좋은 방법이다. 자신의
   진행 상황을 공유하고, 다른 사람들의 이야기를 듣는 것이 중
   요하다. 이를 통해 서로의 성과를 축하하고, 실질적인 조언을
   주고받으며, 어려움을 극복하는 데 필요한 도움을 받을 수 있
   다.

이처럼 다양한 방법 중 자신에게 맞는 방법을 적용하여 나쁜
습관을 끊어보자. 나쁜 습관을 끊는 과정은 자신의 생각과 행동
을 더욱 잘 알아차리는 계기가 된다. 강철 멘탈을 원한다면, 집
중력을 분산시키고 에너지를 소모하는 일을 줄여나가야 한다.
이는 낡은 행동 방식을 버리고 새로운 가능성을 선택할 수 있는
자유를 선물해줄 것이다. 나쁜 습관을 끊는 것은 단순한 행동 수
정이 아닌, 우리의 잠재력을 가로막는 장애물을 없애는 중요한
일임을 잊지 말자.

Chapter. 4

사람을 끌어당기는
매력적인 존재가
되는 방법

그 사람의 인기 요인을
벤치마킹하라

"와~, 사람이 어떻게 저럴 수가 있지?"

엑스트라 알바를 하러 간 날, 한 화장품 CF촬영 현장에서 패션쇼 관람객 역할을 맡았다. 큐사인이 들어가고 무대 위 여배우가 등장했을 때, 그녀의 여유로운 표정과 당당한 걸음걸이는 무대를 압도했다. 관객들은 그녀의 카리스마에 시선을 떼지 못했다. 그 모습을 보며 깨달았다. 사람들은 자신의 일에 진심을 다하고, '자신감'이 넘치는 사람에게 매력을 느낀다는 사실을.

또 다른 현장에서는 드라마 촬영이 진행 중이었다. 수많은 출연자들 중 특히 인상 깊었던 사람은 한 아역 배우였다. 그는 오랜 촬영에도 불구하고 '웃음'을 잃지 않았고, 스태프에게 장난을 치며 촬영장의 분위기를 풀어주었다. 시간이 지나 그녀는 어른이 되어 유명한 배우가 되었고, 기사에는 그녀의 연기뿐 아니라,

인품에 대한 찬사가 쏟아졌다. 이 경험을 통해, 사람을 끌어당기는 매력을 가진 사람들은 분명한 이유가 존재한다는 사실을 깨달았다.

이후 나는 음식점에서 아르바이트를 시작했다. 이번에는 그들에게서 배운 점을 적극적으로 적용해보았다. 그곳은 공사장 근처로, 고단한 일을 하고 지친 얼굴로 들어오는 손님들이 많았다. 하지만 내가 밝은 얼굴로 활기차게 인사하자, 손님들의 얼굴에는 미소가 번졌다. 자주 오는 손님의 이름과 특징을 기억해 먼저 아는 척을 하고, 그들이 좋아하는 반찬을 먼저 가져다 드렸다. 자투리 시간에 인간관계에 대한 책을 틈틈히 읽으며 동기부여를 얻었다. 단순히 배를 채우는 식사 공간을 넘어, 마음까지 충만해지는 순간을 만들기 위해 꾸준히 노력했다. 시간이 지날수록 일이 주는 보람과 사명감이 커졌다. 손님들이 만족스러운 얼굴로 문밖을 나갈 땐, 그 자체로 큰 기쁨이 되었다. 단골손님은 어느새 늘어 하루에 백 명도 오지 않던 식당이 문 앞에 대기 줄이 생길 정도로 북새통이 되었다. 한 휴게소에서 내가 일하는 모습을 벤치마킹한다며, 전 직원분들이 식당에 찾아올 정도였다. 이 경험을 통해 사람들은 친절하고 열정적인 사람에게 이끌린다는 사실을 깨닫게 되었다. 또한, 롤모델을 통해 배운 것을 나에게 적용하면 얼마든지 긍정적인 변화를 만들 수 있다는 것을 알 수 있었다.

우리는 종종 매력의 본질에 대해 고민한다. 외적인 아름다움, 화려한 패션, 혹은 뛰어난 재능이 매력의 전부일 것이라는 생각이 들기도 한다. 그러나 진정한 매력, 즉 사람을 끌어당기는 힘은 내면의 태도와 행동에서 비롯된다. '나도 저 사람처럼 되고 싶다'라는 마음은 성장의 원동력이 되며, 매일 조금씩 자신을 발전시키는 노력을 통해 우리도 사람을 끌어당기는 매력적인 존재로 거듭날 수 있다.

매력의 비밀! 더 멋진 나를 발견하는 여정

인생의 전환점은 누구에게나 찾아온다. 그 시작에는 항상 롤모델이 존재한다. 21살의 나는 도서관에서 한 권의 책을 통해 나의 롤모델과 만났다. 그 책의 제목은 《멈추지 마, 다시 꿈부터 써봐》였고, 저자는 김수영 작가님이었다. 그의 열정적인 삶은 나에게 큰 영감을 주었고, 나는 이제부터는 다르게 살아보겠다고 굳게 다짐하게 되었다.

롤모델은 단순히 생각이나 말, 행동을 넘어서, 우리가 바라는 모습의 기준이 된다. 그들을 통해 새로운 정체성을 만들어가고, 점차 과거의 나와는 다른 모습으로 변화해 나갈 수 있다. 그러므로 원하는 롤모델을 설정하고, 그를 통해 새로운 변화를 만들어보는 것이 중요하다.

사람마다 매력적으로 느끼는 스타일은 다르다. 먼저, 당신만의 기준을 세워보자.

1. 내가 생각하는 매력의 정의는 무엇인가? 외모, 성격, 행동 등 다양한 요소를 고려하여 자신만의 매력 기준을 글로 적어보는 것이 좋다. 예를 들어, 깔끔한 스타일과 자신감 있는 태도,

사람들과 잘 어울리는 친근함, 긍정적인 사고방식과 도전정신 등이 있을 수 있다. 이러한 과정을 통해 자신이 중요하게 여기는 매력의 요소를 인식하고 발전시킬 기회를 얻을 수 있다.

2. 내가 자랑스럽게 생각하는 매력적인 특성은 무엇인가? 이는 자신이 가진 긍정적인 성격이나 능력을 돌아볼 수 있다. 예를 들어, 경청하는 능력, 타인을 배려하는 일상 속 매너, 끈기 있는 성격 등이 될 수 있다. 이를 통해 자신의 매력을 인식하고, 긍정적인 자아상을 강화하여 매력을 높이기 위한 행동 계획을 세울 수 있다.

3. 당신의 매력이 타인에게 발휘되는 순간은 언제인가? 타인이 나의 어떤 점을 매력적이라고 느끼는지 생각해보자. 예를 들어, 친구와의 대화에서 유머를 통해 분위기를 밝힐 때, 팀 프로젝트에서 리더십을 발휘하여 팀원들을 격려하는 순간 등 그 순간들을 분석함으로써 자신의 매력을 더욱 강화하고, 주변 사람들에게 더 매력적으로 다가갈 기회를 만들 수 있다.

4. 언어와 표현, 나의 인상을 점검해보자. 당신이 자주 사용하는 언어와 표현 방식은 어떠한가? 자주 사용하는 단어, 어조, 몸짓 등을 분석해보는 것이다. 예를 들어, 대화를 나눌 때 "감사합니다", "좋은 하루 되세요" 등의 말을 자주 사용하거나, 상대방과의 눈 맞춤, 미소 짓는 등의 몸짓은 상대방에게 긍정적인 인상을 남긴다. 이는 타인에게 어떤 인상을 주는지를 생각해보는 좋은 기회가 된다.

5. 당신이 매력적으로 보이기 위해 개선하고 싶은 점은 무엇인가? 생활 습관, 가치관, 대화 방식 등 다양한 측면에서 개선이 필요한 부분을 생각해보는 것이다. 예를 들어, 규칙적인 운동과 건강한 식습관이나 대화 방식에서 상대방의 말을 더 잘 듣고 공감하는 태도를 기르는 등의 생각을 할 수 있다.

6. 당신이 신뢰할 수 있는 친구나 가족에게 강점과 약점에 대한 피드백을 요청해보자. 예를 들어 친구나 가족에게 "나의 매력은 뭐라고 생각해?", "내가 개선해야 할 점은 무엇이라고 생각해?"라고 질문할 수 있다. 제3자의 의견을 참고하여 발전 방향을 설정하고, 어떤 부분에서 개선할 수 있을지를 구체적으로 생각해볼 수 있다. 이는 개선점을 발견하여 스스로 더욱 발전하며, 자신을 업그레이드시키는 계기가 될 것이다.

====== 이제 당신의 롤모델을 찾아보자!

1. 당신이 매력적으로 느끼는 사람은 누구이며, 그들의 어떤 점이 매력적인가? 역사적 인물, 유명인, 가족, 친구 등 매력적으로 느끼는 사람들의 리스트를 작성하고, 그들이 가진 매력적인 특징이나 행동을 적어보자.

2. 당신의 롤모델이 겪었던 어려움은 무엇인가? 그들의 극복 과정을 조사하고, 그 과정에서 배운 점을 기록해보자.

3. 당신의 롤모델이 중요하게 생각하는 가치는 무엇인가? 그들의 강의나 책, 명언을 참고하여 그들이 중요하게 여기는 내적 가치도 함께 찾아보자. 사람마다 성공 스토리 뒤에 숨겨진 비

하인드 스토리가 있다. 그 과정을 살펴보는 것은 롤모델과 당신의 심리적인 거리감을 좁혀준다. 비단 멋진 성공이 그들만의 것이 아니라는 사실을 깨닫게 되며, 당신에게 용기를 전해줄 것이다. 이를 통해 매력은 구체적인 목표를 설정하고 자기 발전을 위한 계획을 세울 수 있다.

4. 당신이 매력적으로 보이기 위해 개선하고 싶은 점은 무엇인가? 가치관, 생활 습관, 대화 방식 등 외적, 내적 측면에서 개선이 필요한 부분을 생각해보는 것이다. 이를 통해 구체적인 목표를 설정하고 자기 발전을 위한 계획을 세울 수 있다.

이러한 방법들을 통해 매력을 개발하고, 우리는 자신을 더욱 매력적으로 만들어갈 수 있다. 가장 중요한 것은 지속적인 노력 그리고 강력한 개선의 의지이다. 각 항목에 대해 깊이 고민하고 실천해본다면, 당신의 발전과 매력 발산에 큰 도움이 될 것이다. 이제 당신의 롤모델과 함께 새로운 변화를 만들어 나가보자. 내 안의 숨겨진 매력은 나 자신만이 발전시킬 수 있다는 사실을 잊지 말자.

타인을 헤아리는 것이
최고의 지혜다

　인간관계에서 기억에 남는 순간은 누구에게나 있다. 누군가가 나를 이해하고 존중해주는 경험은 특별한 감정을 불러일으킨다. 이러한 경험은 종종 우리가 타인의 입장을 이해하고 공감할 때 더욱 깊어지며, 이는 바로 '역지사지의 태도'에서 비롯된다.

　세계미인대회에 참가했을 때, 역지사지의 중요성을 깊이 깨달았다. 다양한 국가의 참가자들과 함께하는 동안, 그들도 처음 만나는 사람들과의 관계에 부담을 느낀다는 사실을 알게 되었다. 그들의 입장에서 바라보니, 먼저 다가가는 것이 쉬워졌다. 혼자 있는 친구에게 먼저 인사를 건네고 대화를 이어가니 금세 친해졌다. 사람들은 누구나 좋은 옷을 차려입으면 사진을 찍고 싶어 하지만, 다른 사람에게 부탁하는 것을 어려워한다. 그래서 나는 다른 친구들의 사진을 먼저 찍어주었다. 그러다 보니, 한

명 두 명 늘어났고, 명소에 가면 대부분의 참가자들이 나에게 찾아와 사진을 찍어달라고 요청하게 되었다. 내가 말하지 않아도, 고마운 마음에 나의 사진을 적극적으로 찍어주는 일석이조의 상황도 만들어졌다.

사람은 누구나 신뢰할 수 있는 상대에게 고민을 털어놓고 싶어 한다. 친구의 이야기에 경청하다 보니, 어느새 밤마다 내 방을 찾아와 고민을 털어놓았다. 어려움을 나누다 보니 더욱 돈독한 사이가 되었다. 비록 나는 상을 받지 못했지만, "우정상이 있다면, 네가 받았어야 해!"라며 오히려 다른 참가자들이 더 아쉬움을 표현하는 모습을 보며, 역지사지의 태도가 오히려 특별한 매력이 될 수 있다는 것을 깨달았다.

또 다른 경험은 대학교에 복학했을 때, 나보다 어린 동기들과 함께 생활하던 때였다. 다른 동기들과는 친밀하게 잘 지냈지만, 유독 한 여자 동기는 나를 본체만체하며 인사도 받지 않았다. 처음에는 그냥 못 봤거니 생각했지만, 시간이 지날수록 고의적으로 나를 무시하고 있다는 것을 깨달았다. 나도 속상한 마음이 들었지만, 그저 내 할 도리만 하자라는 생각으로 내색하지 않고 한결같이 인사를 건넸다.

그러던 어느 날, 뜻밖의 속사정을 듣게 되었다. 그 동생은 같은 과의 남자아이와 비밀연애를 하고 있었고, 그 남자아이와 다른 동기들이 대화를 나눌 때마다 질투를 느꼈다고 말했다. 그러나 내가 한결같이 자신에게 밝은 인사를 건네는 모습에 미안함을 느꼈고, 오해를 풀고 싶은 마음이 있다고 말했다. 우리는 서로의 입장을 이해하며 오해를 풀게 되었다. 졸업 후 그 동생과도 더욱 돈독한 사이를 이어갈 수 있게 되었다.

이 경험은 나에게 중요한 교훈을 주었다. 모든 사람은 각자의 사정과 감춰진 감정이 있으며, 이해가 가지 않았던 행동 뒤에도 우리가 전혀 예상치 못한 사연이 숨겨져 있을 수 있다는 사실이었다. "타인을 이해하는 것은 진정한 지혜이다"라는 어느 철학자의 말처럼, 결국 역지사지의 태도는 우리 모두를 위해 추구해야 할 가치이다. 이는 장기적인 인간관계에서도 도움이 된다. 상대방의 입장을 헤아려보는 노력을 할수록 스스로 단정 지으며 기분이 상할 일이 줄어들고, 서로를 존중하며 깊은 사이가 될 수 있는 계기가 된다.

이처럼 매력적인 존재가 되기 위해서는 외적인 모습이 아닌, 내면의 성숙함과 타인을 이해하려는 노력이 필요하다. 이러한 태도를 지닌 사람은 남녀노소에게 인상적인 매력을 남기며, 호감 가는 사람으로 변화시킬 것이다. 역지사지의 태도는 단순한 인간관계의 기술이 아니다. 이는 우리가 서로를 이해하고 존중하는 데 필요한 깊은 통찰력과 공감 능력을 요구한다.

매력의 본질은 결국, 타인을 이해하고 그들과의 관계를 깊이 있게 만들어가는 과정에 있다. 이 여정을 통해 우리는 더 나은 사람이 되고, 더 매력적인 존재로 거듭날 수 있다.

매력의 연결고리 : 역지사지로 만드는 따뜻한 관계

종종 상대방의 입장에서 생각하는 것이 어렵다고 느낀다. 그러나 한 가지 생각만 바꾸면 역지사지의 태도를 가지는 것이 수월해진다. 예를 들어, '마음이음 연결프로젝트'라는 흥미로운 사례를 함께 살펴보자. 이 프로젝트는 콜센터에서 상담원과 고객 간의 소통을 개선하기 위해 시행되었다. 고객이 문제를 해결하기 위해 상담원에게 전화를 걸 때, 그 순간의 감정은 종종 불안과 불만으로 가득 차 있다. 하지만 이 프로젝트는 그 상황을 전환하는 혁신적인 접근을 제시했다. 상담원이 전화를 받기 전, 통화연결음에서 흘러나오는 한 마디가 있다.

"제가 세상에서 가장 좋아하는 우리 엄마가 상담 드릴 예정입니다. 잠시만 기다려 주세요!"

이 한마디는 고객의 마음을 누그러뜨리는 마법 같은 효과를 발휘한다. 고객은 자연스럽게 자신의 부모님을 떠올리며, 상담원에게 더 부드럽고 이성적으로 접근할 수 있게 된다. 이 목소리의 주인공은 실제 상담원의 가족 중 한 명이다. 고객은 상담원이 누군가의 소중한 가족 구성원이라는 사실을 인식하게 되고, 그로 인해 감정이 한층 부드러워진다. 아무리 화가 나도 상담원에게 불쑥 화를 내기보다, 한 템포 늦춰 이성적으로 이야기할 수 있게 된다. 이 프로젝트의 시행 후, 고객과 상담원 모두에게 큰 영감과 감동을 주었다. 설문조사에서는 상담원들이 고객들로부터 "멘트가 참 좋네요", "좋은 하루 보내세요"와 같은 긍정적인 메시지를 듣는 빈도가 크게 증가했고, 스트레스는 무려 50% 감소했다. 이는 상대방을 존중하는 역지사지의 태도가 얼마나 중요한 역할을 하는지를 보여주는 지표이다.

사람은 본래 누군가의 입장에서 생각하면 이해가 되지 않을 일이 거의 없다. 마치 영화나 드라마 속에 나오는 악역도 그들의 입장에서 이야기가 펼쳐지면, 어느새 악역이 아닌 그럴 만한 사연이 있는 인물로 다가온다. 그들의 감정에 이입하게 되고, 응원하게 만든다. 이처럼 역지사지의 태도는 상대방의 입장에서 생각하고, 그들의 감정을 이해하려는 노력은 매력의 본질이자, 따뜻한 관계의 연결고리이다.

이제 당신도 한 걸음 더 나아가, 상대방의 시선에서 세상을 바라보는 연습을 해보자.

모두의 매력을 빛내는 길
: 역지사지적 태도를 만드는 질문

우리는 종종 바쁜 일상 속에서 타인의 마음을 헤아리는 것을 잊곤 한다. 하지만 인간관계는 우리가 살아가는 데 있어 가장 중요한 요소 중 하나이다. 상대방을 누군가의 엄마, 아빠, 딸, 아들로 생각하며 대하는 것은 그들의 감정을 깊이 이해하며 공감을 나누는 것은 매력을 만드는 첫걸음이 된다.

그렇다면, 어떻게 하면 역지사지의 마음을 갖고 대화를 나눌 수 있을까? 이 질문들을 통해 당신은 자신의 경험을 깊이 있게 성찰하고, 타인의 입장을 이해하는 데 필요한 역지사지의 마음을 더욱 발전시킬 수 있을 것이다.

1. 먼저 누군가를 도와주거나 지지했던 경험에서, 그 사람의 입

장을 어떻게 고려했는지 떠올려보자. 자신의 행동이 타인에게 미친 긍정적인 영향을 성찰해볼 수 있다. 예를 들어, 힘든 시기에 친구에게 조언을 해주었을 때, 그 친구가 어떻게 반응했는지를 떠올려보자. 친구의 어려움에 함께 공감하고 그의 곁에 있어 줌으로써 그가 힘든 시기를 극복하는 모습을 보았다면, 자신의 존재가 타인에게 얼마나 큰 힘이 되었는지를 인식할 수 있다. 이는 자신의 가능성과 가치를 확인하는 기회가 된다.

2. 당신이 누군가의 이야기를 들었을 때, 그 사람의 감정을 이해하기 위해 어떤 노력을 했는가? 이 질문은 상대방의 감정을 공감하고 이해하려는 노력을 되짚어보게 한다. 예를 들어, 동료가 힘든 일을 겪고 있을 때, '그가 얼마나 힘들었을까?'라고 생각하며 그들의 감정을 이해하려고 했던 경험을 떠올려보자. 감정 이해는 단순히 듣는 것을 넘어, 상대방의 입장을 진정으로 이해하려는 노력이다. 이를 통해 따뜻한 대화와 긍정적인 관계를 형성할 방법을 모색할 수 있다.

3. 최근에 다른 사람과의 갈등이나 오해가 있었던 상황에서, 상대방의 입장에서 생각해 보려 했던 순간이 있었는가? 갈등 상황에서 상대방의 감정을 이해하려는 노력을 되짚어보자. 친구와의 작은 다툼에서 그 친구의 감정을 이해하려고 노력했는지, 그때 어떤 생각이 들었는지를 생각할 수 있다. 갈등은 감정적으로 격해지기 쉬운 상황이므로, 상대방의 입장을 고려하는 것이 얼마나 중요한지를 깨닫게 된다. 이를 통해 나의

감정과 상대방의 감정을 분리하고, 더 나은 소통을 위한 기초를 마련할 수 있다.

4. 역지사지의 마음을 갖기 어려웠던 순간이 있다면, 그 이유는 무엇이었는가? 특히 특정 사람에 대한 선입견이 나의 이해를 방해했던 경험을 생각해보자. 감정이나 편견은 종종 타인을 이해하는 데 방해가 되므로, 이를 인식하고 극복하는 과정은 개인의 성장에 매우 중요하다. 이를 통해 더 개방적이고 수용적인 태도를 기를 수 있다. 우리가 가진 인식의 한계를 인지하고 이를 극복하기 위한 방법을 모색하며 발전할 수 있게 돕는다.

5. 역지사지의 마음을 갖고 행동했던 경험에서 어떤 교훈을 얻었는가? 누군가의 입장을 이해하려고 노력한 결과, 더 깊은 관계를 형성하게 된 경험을 되새겨볼 수 있다. 교훈을 정리하는 과정은 자신의 행동을 개선하고, 앞으로의 상황에서 더 나은 선택을 할 수 있도록 돕는다. 이는 개인의 성장과 발전에 중요한 기초가 된다는 점을 기억하자.

6. 앞으로 비슷한 상황에서 어떻게 역지사지의 마음을 더 잘 적용할 수 있을까? 새로운 사람을 만날 때 그들의 이야기를 더 경청하고, 그들의 입장을 이해하려고 노력하겠다는 다짐을 해볼 수 있다. 이는 미래의 상황에서 역지사지의 마음을 적용하기 위한 구체적인 계획을 세우고 실천할 수 있게 돕는다.

이 질문들을 통해 자신의 경험을 깊이 있게 성찰하고, 타인의 입장을 이해하는 데 필요한 역지사지의 마음을 더욱 발전시킬 수 있다. "타인을 이해하는 것은 나 자신을 이해하는 길이다."라는 말처럼, 결국 역지사지의 태도는 단순한 이해를 넘어 서로를 존중하고 소중히 여기는 관계를 만들어가는 중요한 열쇠이다.

역지사지의 마음을 통해 우리는 서로의 삶을 더 깊이 이해하고, 그 과정에서 자신을 더욱 풍요롭게 할 수 있다. 서로의 이야기에 귀 기울이고, 진정한 공감을 나누는 것이야말로 더 나은 세상, 자신이 가진 매력의 깊이를 더하는 첫걸음이라는 사실을 기억하자.

멀리 보는 사람은
남들이 꺼리는 일을 기꺼이 한다

"신문사는 잠시 들렀다가는 곳이에요."

"좀 깨끗했으면 좋겠어요."

대학교 신문사 기자 시절, 신문사에 대한 부원들의 불만이 쏟아졌다. 오랫동안 방치된 신문실은 먼지와 짐으로 가득 차 있었고, 그 누구도 청소할 엄두조차 내지 못했다. 하지만 내가 국장이 된 순간, 가장 먼저 그 문제를 해결하기로 결심했다. 그러나 그 과정은 결코 쉽지 않았다. 부원들에게 이야기하지 않고 혼자 신문사를 정리했다. 수많은 신문을 정리하고, 책상을 옮기며, 묵은 먼지를 털어내는 과정은 물론 고되었다. 그러나 부원들이 쾌적한 환경에서 새로운 마음으로 글을 쓰는 모습을 떠올리며, 나도 모르게 콧노래가 나왔다.

주말 내내 청소한 끝에 드디어 신문사는 완전히 탈바꿈하였다. 그 변화는 단순한 공간의 변화가 아니었다. 부원들은 놀라움을 금치 못하며 자신들도 깨끗하고 쾌적한 공간을 유지하고자 노력했다. 덕분에 이전보다 더욱 애정을 가지고, 오래 머무르며 일의 능률도 올랐다. 담당 선생님께서는 "우리의 달라진 태도와 마음가짐에 기대된다."라는 말씀과 함께 신문사에 대한 적극적인 지원을 해주셨다. 덕분에 신문사의 규모는 커졌고 성장하는 모습에 뿌듯한 기분이 들었다. 나는 이를 통해 오히려 "남들이 꺼리는 일을 했을 때 얻게 되는 이로움이 훨씬 크다"라는 사실을 깨달았다. 먼저 솔선수범한 모습을 보이면, 말을 하지 않아도 그 모습을 보는 다른 사람들의 행동도 점점 변화한다. 내가 누군가에게 긍정적인 영향을 줄 수 있다는 사실을 느끼면, 사람은 눈빛부터 달라진다. 스스로 올바른 행동을 하기 위해 노력하고, 자신에 대한 자신감이 생긴다. 다른 이들도 나에 대한 인식이 바뀌면서 더욱 호의적인 태도로 대한다.

매력은 사람을 끌어당기는 힘이다. '내가 저걸 왜 해?'라는 생각 대신 '그 일을 내가 먼저 시작해보는 건 어떨까?'라는 긍정적인 마음이 주변 사람들에게 좋은 영감을 주고, 당신을 신뢰할 수 있는 사람, 매력적인 존재로 거듭날 수 있도록 도울 것이다.

결국, 남들이 꺼리는 일을 기꺼이 하는 사람은 멀리 보는 사람이다. 단기적으로는 조금 손해인 것처럼 보여도 좋은 씨앗을 심으면 좋은 열매가 생기듯 점점 그 마음이 자신을 더욱 멋지고 매력적인 사람으로 만들어줄 것이다.

"넌 진짜 남달라, 나는 아직도 그때가 생생해."

오래된 고향 친구가 나에게 말했다. 10년 전, 나는 반에서 따돌림당하는 아이를 만났다. 그 아이는 항상 혼자였고, 주변의 시선에 움츠러들어 있었다. 많은 친구들이 그를 외면하는 상황 속에서, 나는 그에게 먼저 다가가 대화를 나누었다. 소문과는 달리, 그 아이는 오히려 배울 점이 더 많았고, 나는 그 아이가 가진 매력을 주변 친구들에게 알리고 싶었다. 함께 놀던 친구들 사이의 다리를 놓아주었더니, 처음에는 주저하던 친구들도 마음을 열고 그 아이의 진가를 알아주기 시작했다. 그 아이 역시 점점 자신감을 되찾았다.

이 경험을 통해 나는 남들이 주저하는 일을 했을 때 인생에서 가장 기억에 남고 의미 있는 일이 될 수 있다는 것을 깨달았다. 다른 사람들이 주저하는 그 일을 시도하는 과정에서 우리는 두려움을 뛰어넘는 '용기'를 발휘하게 된다. 이는 비단 타인뿐 아니라 자신에게도 긍정적인 영향을 준다. 타인의 시선에 흔들리지 않고 나의 신념을 지키는 모습은 긍정적인 자기인식으로 이어지며, 이는 스스로를 더욱 매력적인 사람으로 만들고 싶은 성장 욕구로 이어진다. 결국 매력은 사람들과의 연결 속에서 빛난다. 타인의 진가를 알아볼 수 있는 능력이 바로 매력이다. 이런 작은 인식의 차이가 나만이 가진 매력이 될 수 있다는 사실을 기억하자.

남다른 매력을 갖는 방법

한 마을에 두 명의 청소부가 있었다. 한 청소부는 길거리를 쓸며 툴툴대고 있었고, 다른 청소부는 낙엽을 하트 모양으로 쓸어 담으며 콧노래를 불렀다. 그 모습을 본 한 시민이 물었다.

"온종일 길거리를 쓸면 힘들지 않나요?"

하지만 그 청소부는 웃으며 말했다.

"저는 이 일을 사랑합니다. 그리고 제 일이 다른 사람들에게도 좋은 영향을 줄 수 있어 기뻐요."

그 말을 들은 시민들은 그를 '행복한 청소부'라고 부르며 응원했고, 더는 길거리에 쓰레기를 버리지 않았다. 온 마을은 그전보다 더욱 밝고 깨끗해졌다. 이처럼, 남들이 꺼리는 일을 기꺼이 실천하는 것은 자신뿐만 아니라 타인에게도 긍정적인 영향을 미친다. 작은 행동이지만, 그것이 모여 큰 변화를 만들어낸다. 남들이 꺼리지만 우리가 실천할 수 있는 일을 찾아보자. 아무리 작은 일도 가장 귀하고 가치 있는 일처럼 생각한다면, 정말 그런 일이 된다. 남들이 꺼리는 일을 매일 혹은 매주 새롭게 계획하며 다양한 일에 도전해보자. 예를 들어, 매주 한 번씩 일찍 출근해 사무실 청소하기, 매달 친구와 함께 지역 사회 봉사활동 참여하기 등의 도전 과정에서 우리는 자신감을 얻고, 내 마음을 성숙시키는 기회로 삼을 수 있다. 이는 타인에게도 좋은 영감을 주며, 자신의 매력을 더욱 깊이 있게 발전시키고 진정한 매력을 찾을 수 있도록 도울 것이다.

나는 허브를 사랑한다. 화려한 꽃들이 만개한 정원 속에서, 허브는 소박하지만, 그 자체로 특별한 매력을 지닌 존재다. 처음에는 눈에 띄지 않지만, 시간이 지날수록 그 은은한 향기와 깊은 맛이 마음에 스며든다. 매일 아침, 손가락으로 잎사귀를 쓸어내리며 코에 가져다 대면, 그 향기는 온종일 나를 감싸 안는다.

이처럼 사람의 매력도 허브와 같다. 처음에는 소소해 보일지라도, 그 사람을 알아갈수록 그 내면의 깊이와 향기가 드러난다. 나태주 시인의 "오래 보아야 예쁘다. 너도 그렇다"라는 말처럼, 진정한 매력은 시간이 지나면서 더욱 빛난다. 허브처럼 오래가는 은은한 매력을 지닌 사람이 되어보자. 그런 사람은 알면 알수록 더욱 매력적이며, 오래도록 함께하고 싶은 깊은 매력을 지닌 존재가 될 것이다. 매력은 단순한 외모가 아니다. 그것은 내면의 성숙함과 진정한 자신을 발견하는 과정에서 비롯된다. 당신도 허브처럼, 시간이 지날수록 더욱 향기롭고 매력적인 존재가 될 수 있다. 남들이 주저하는 일을 기꺼이 하며, 당신의 매력을 한층 더 빛내보자.

Chapter. 5

탱탱볼 같은
회복탄력성을
키우는 방법

미뤄둔 일?
당신의 성장의 시작은 바로 거기다

"좀 이상하지 않아? 자꾸 말이 바뀌잖아."

방송을 하던 시절, 나는 엔터테인먼트 회사에 소속된 프리랜서였다. 그러나 어느 날, 회사 대표가 월급을 지급하지 않기 시작했다. 동료들이 하나둘 회사를 떠나고, 나는 6개월이 지나서야 그동안의 말들이 모두 거짓이라는 사실을 깨달았다. 결국, 대표는 파산을 신청했고, 회사는 사라졌다. 경제적 어려움보다 더 큰 충격은 믿었던 사람에 대한 배신감이었다. 처음 겪는 일이라 누군가에게 이야기할 수도 없었고, 나는 오랜 시간 어두운 동굴 속에서 끙끙 앓았다. 그러던 중, 우연히 내가 예전에 쓴 버킷리스트를 보게 되었다. 더는 이렇게 살고 싶지 않았다. 나는 즉시 비행기 티켓을 끊고 제주도로 향했다. 우리나라에서 가장 높은 한라산을 5시간 동안 등산한 후, 정상에 도착했을 때, 나는 산이 떠나가라 외쳤다.

"나는 무엇이든 할 수 있다!"

그 순간, 가슴이 뻥 뚫리는 기분이 들었다. 동굴을 빠져나온 후, 나는 웃음 치료 수업을 듣기 시작했다. 매일 거울을 보며 나를 향해 활짝 웃었다. 덕분에 굳어있던 얼굴은 하루가 다르게 밝아졌고, 움츠려 있던 마음도 점점 나아지는 것을 느낄 수 있었다. 그 후 나는 해보고 싶었던 베이비시터 아르바이트에 도전했다. 아이들은 어른과 달리 감정 표현에 솔직하고, 천진난만한 호기심이 많았다.

나는 아이들을 돌보며, 어린 시절의 나를 떠올렸다. 색안경 낀 눈으로 세상을 바라보며, 사람과 만나길 두려워하고 싶지 않았다. 자유로운 아이처럼 앞으로도 많은 사람들을 만나, 나답게 삶을 살아가리라 결심했다. "태양을 등지지 않으면, 따뜻한 햇빛을 맞이할 수 있다"는 말처럼 좋은 기회가 찾아왔다. 출판사에서 일하고 싶었던 소망도 이루어졌다. 우연히 알고 지내던 출판사 대표님이 일자리를 제안해주셨고, 나는 새로운 일에서 행복과 재미를 느꼈다. 작가님들을 만나 책을 출간하게 된 비하인드 스토리를 들으며, 훗날 나도 저 작가님처럼 책 출간의 꿈을 이루리라 다짐하는 계기가 되었다. 그렇게 하나둘 미뤄온 일들을 하다 보니 마음이 열리고, 언제든 새로운 일을 시작할 수 있다는 자신감이 생겼다.

가장 해보고 싶었던 강연 기회도 찾아왔다. 처음으로 대학생을 대상으로 동기부여 강연을 하게 되었고, 아이들은 내가 힘든 시기를 딛고 다시 일어나는 과정에 더욱 귀를 기울였다. 그때 열심히 배운 웃음 치료도 함께 보여주며, 강의장 분위기에 웃음꽃을 피웠다. 이 경험을 통해 삶에 의미 없는 경험은 없다는 사실을 깨달았다.

미뤄온 일에 도전하며 다양한 사람들을 만나고, 새로운 경험이 주는 행복감을 맛볼 수 있었다. 동굴 속에만 갇혀 지내기에는 세상에는 할 수 있는 일이 참 많고, 좋은 사람들이 훨씬 더 많다는 사실을 깨달았다. 회복탄력성은 시련과 실패를 도약의 발판으로 삼아 더 높이 뛰어오를 수 있는 마음의 근력을 의미한다. 역경이 닥쳤을 때 주저앉으면 아무것도 달라지지 않는다. 그러나 미뤄두었던 일을 하나씩 해나가다 보면, 마음의 변화가 생기고 상황을 긍정적으로 바라볼 수 있는 여유가 생긴다. 과거는 이미 지나갔고, 미래는 아직 오지 않았다. 우리가 살아가는 것은 언제나 현재이다. 만약 지금 당신이 역경 속에 있다면, 아무리 작은 일이더라도 자신을 위해 무언가 시도해보자. 내가 바꿀 수 없는 일이 아닌, 내가 바꿀 수 있는 일을 찾아 시작해본다면 어떤 난관도 헤쳐나갈 수 있는 힘이 생길 것이다.

학습된 무기력에서 벗어나라! 나를 깨우는 질문의 힘

내가 6개월 동안 가장 많이 들었던 말은 "기다려!"였다. 하지만 기다림 끝에 돌아온 것은 실망과 허탈감이었다. 처음부터 불리한 계약서 조항과 프리랜서라는 법적 보호를 받지 못하는 현실에 내가 할 수 있는 것은 아무것도 없다는 생각이 들었다. 인생의 여정에서 우리는 종종 무기력의 블랙홀에 빠지게 된다. 특히, 지속적인 실패와 좌절은 우리를 움츠러들게 하고, 새로운 도전이나 기회를 피하게 만든다.

그러나 이제는 그 침체된 일상에서 벗어나기 위해 스스로에게 질문을 던져야 한다. 다음의 질문들은 당신이 미뤄온 일을 시작할 수 있도록 돕는 강력한 도구가 될 것이다.

1. 당신이 미뤄둔 일 중 가장 하고 싶었던 일은 무엇인가? 그 일이 왜 중요한지, 어떤 의미를 지니는지 깊이 생각해보자. 이는 당신의 진정한 열망을 상기시키며, 열정을 다시 불러일으킬 것이다.

2. 그 일을 시작했을 때 얻게 되는 긍정적인 효과는 무엇인가? 당신이 그 일을 시작했을 때 일상에 어떤 변화가 생길지를 떠올려보자. 긍정적인 변화를 상상하는 것은 동기를 부여하고, 행동을 시작하는 데 필요한 에너지를 제공한다. 원하는 일상을 그려보며 목표를 향해 나아갈 수 있는 힘을 되찾자.

3. 미뤄둔 일을 시작하기 위해 10분 동안 실행할 수 있는 간단한 일은 무엇인가? 큰 목표를 작고 구체적인 단계로 나누는 것은 부담을 줄이고 시작할 용기를 준다. 예를 들어, 하루에 10분씩 그 일에 대해 생각하거나 관련 자료를 찾아보는 것부터 시작할 수 있다.

4. 이 일을 시작하기 위해 구체적으로 언제, 어디서, 어떻게 할 것인가? 구체적인 행동 계획을 세우는 것은 실행 가능성을 높

인다. 매주 특정 요일에 그 일을 위한 시간을 정해두면, 무엇을 해야 할지 명확해지고 실천하는 데 더 큰 동기를 느낄 수 있다.

5. 누가 당신을 도울 수 있는가? 생각해보자. 가족이나 친구에게 도움을 요청하는 것은 두려움을 딛고 새로운 도전을 시도할 용기를 준다. 주변의 지지는 자신감을 높이고, 혼자가 아니라는 느낌을 줄 것이다. 또한, 실패에 대한 긍정적인 관점을 가져볼 수 있다. 예를 들어 에디슨은 전구를 발명하기 위해 수천 번의 시도를 했고, KFC의 할아버지는 무수히 많은 거절을 당했지만 결국 성공을 거두었다. 실패는 성장의 일부이며, 이를 배움의 기회로 바라보면 시작에 대한 두려움을 줄일 수 있다.

6. 새로운 시도를 하려는 당신을 보며, 존경하는 멘토나 사랑하는 사람은 어떤 말을 해줄까? 상상 속에서 그들의 따뜻한 격려의 목소리를 들어보자. 연구에 따르면, 믿을 수 있는 멘토나 사랑하는 사람의 상상 속 목소리는 로드맵 역할을 한다. 자기 격려는 정신적인 안정과 긍정적인 행동 변화를 유도하는 데 큰 도움이 된다.

이러한 질문들을 통해 자신이 미뤄온 일을 인식하고, 그 일을 시작하기 위한 계획을 세우는 것은 성장과 발전에 긍정적인 영향을 미친다. 역경 속에서도 기회를 발견하고, 자신을 믿고 나아가는 여정은 결국 무기력감에서 벗어나 새로운 길로 나아갈 수

있게 만든다. 이제 더 이상 미루지 말고, 지금 바로 이 순간부터
당신의 삶을 변화시킬 첫걸음을 내딛어보자. 당신의 새로운 시
작은 바로 지금, 여기에서 시작된다.

삶의 가치를 풍요롭게 하는
원데이 클래스

회복탄력성을 기르는 좋은 방법 중 하나는 부정적인 생각이 들때, 그 생각에서 빠져나올 다양한 방법을 적용해보는 것이다. 나는 머릿속에 생각이 많을 때 원데이 클래스를 들으러 간다. 새로운 것을 배울 때 사람은 활력을 얻고 기분 전환이 된다. 춤추는 것을 좋아하는 나는 케이팝 댄스를 배우기 위해 원데이 클래스를 선택했다. 그곳에는 대부분 춤의 초보들이 많았고, 서로의 실수를 신경쓸 겨를이 없었다. 그리고 틀려도 오히려 그 서툰 모습이 재미있어 "피식" 혼자 웃음이 터져나오기도 한다. 신나는 비트에 맞춰 춤을 추다 보니 쌓인 스트레스도 풀리고, 왠지 모를 해방감이 느껴진다. 집으로 돌아오는 길, 클래스를 들으러 가기 전의 부정적인 생각들은 모두 사라지고, 오히려 또 다른 무언가를 시도해보고 싶다는 마음이 들었다.

그 이후로도 기분 전환이 필요할 때마다 원데이 클래스를 찾아 갔다. 색다른 배움뿐 아니라 수업을 들으러 온 수강생들과의 소통 또한 또 다른 즐거움이었다. 가죽 공예 수업에서 만난 지긋한 나이 의 할머니 수강생은 우연히 들은 원데이 클래스를 통해 자신의 흥 미를 찾았고, 이를 직업으로 삼기 위해 열심히 학원에 다니고 있다 는 말씀을 해주셨다. 또한, 빵을 만드는 베이킹 수업에서 만난 선생 님은 과거에 직장인이셨다. 그러나 잘 맞지 않는 회사 생활 속에서 일상 속 작은 활력소로 시작한 베이킹이 잘 맞아, 이 일을 직업으 로 삼게 되었다고 이야기해주셨다.

이처럼 각기 다른 이유와 목적을 가진 사람들의 이야기를 듣다 보 면, 세상에는 다양한 인생 스토리가 존재하며, 나의 가능성을 한곳 에 국한해서는 안 된다는 생각이 든다. 배움에는 나이가 없다는 말 처럼, 아이처럼 호기심이 넘치며 배움에 몰입하는 시간이 있어야 인 생이 더욱 즐겁고 다채로운 추억이 생긴다. 또한, 우연히 마음이 가는 대로 배운 것들이 마치 운명처럼 인생의 전환점이 될 수도 있다.

보통 마음이 힘들 때는 생각이 편협해지기 쉽다. 그러나 원데이 클래스를 통해 다양한 배움과 사람을 만나면, 다시 마음의 눈이 넓 어져 새로운 가능성을 모색할 수 있게 된다. 원데이 클래스는 그리 오랜 시간이 걸리지도 않고, 내가 원하는 시간에 가벼운 마음으로 들 으러 갈 수 있다는 장점이 있다. 회복탄력성은 어렵고 힘든 마음에 눌리지 않고 다시 무언가를 시도해야 길러질 수 있다. 잠시의 시간을 투자하면, 예상치 못한 나의 새로운 모습과 함께 마음만 먹으면 생각 은 얼마든지 전환할 수 있다는 깨달음을 얻을 수 있을 것이다.

====== 내 삶의 가치를 더해주는 힘

: 미래의 소망을 담아 원데이 클래스 듣기

인생의 여정에서 우리는 종종 자신감을 잃고, 꿈을 잊고 살아가게 된다. 하지만 작은 변화가 큰 전환점을 가져올 수 있다는 사실을 깨달았다. 내가 자신감이 한참 떨어져 있을 때, 명함 지갑 원데이 클래스를 경험한 것이 그 시작이었다. 비록 지금은 명함이 없지만, 다시 한번 멋진 명함을 갖게 될 내 모습을 떠올리며 내 손으로 직접 명함 지갑을 만들었다. 처음 만들어서 서툴고, 누가 봐도 초보가 만든 것처럼 보였지만, 지갑 뒷면에 새겨넣은 "행복한 기적은 언제나 일어난다."라는 삐뚤빼뚤한 글자는 나를 웃음 짓게 하였고, 좋은 힘이 되었다. 훗날 그 지갑 속엔 새로운 직함이 담긴 명함으로 가득 찼다. 이 경험을 통해 원데이 클래스가 단순한 기분 전환을 넘어, 내 꿈과 나를 지지하는 수단이 될 수 있다는 사실을 깨달았다.

어느 날, 한 동생에게 연락이 왔다. 그 친구는 생계를 위해 회사에 다니고 있었지만, 꼭 이루고 싶은 꿈이 있었다. 작곡가라는 꿈을 가진 그 친구는 매일 온종일 일하느라 학원에 다닐 틈이 없었다. 그래서 나는 원데이 클래스를 추천해주었다. "먼저 한 곡이라도 직접 만들어봐!"라는 조언을 듣고, 그는 원데이 클래스를 통해 작곡하는 법을 배웠고, 그때 배운 기술로 혼자서 곡을 만들기 시작했다. 지금은 회사에 다니면서도 틈틈이 취미처럼 곡을 만들고 있다. 무엇보다 이전에 일만 하던 생활에서 벗어나 잠시라도 나를 위한 일을 시도하면서 일상의 활력과 행복을 되찾았고, 언젠가 이뤄질 작곡가의 꿈도 계속 자라나는 중이다.

많은 사람들이 여러 일들에 대한 무게와 압박감을 느끼지만, 일상 속 나를 위한 빈틈을 만들면 삶의 만족감을 높일 수 있다. "힘들지만, 그래도 소소한 행복을 찾아가는 내 삶은 충분히 가치 있어!"라는 생각이 있어야 내 삶에 대한 애정도 깊어진다. 애정이 있어야 힘든 시기를 극복하는 힘, 즉 회복탄력성도 생긴다는 사실을 기억하자.

══════ 배움을 통해, 미래를 향해 나아가는 주인공이 되기!

옛날, 한 마을에 '상상력의 시계'라는 신비로운 시계가 있었다. 이 시계는 특별한 능력을 지니고 있었는데, 긍정적인 생각을 할 때는 끊임없이 돌아가고, 부정적인 생각이 스치면 멈춰버리는 것이었다. 이 시계는 마을 사람들에게 중요한 교훈을 주었고, 그중 두 아이, 미래와 과거는 정반대의 성격을 가지고 있었다. 미래는 언제나 밝은 미소를 지으며, 하고 싶은 일을 찾아 열심히 노력하는 아이였다. 반면 과거는 하고 싶은 일이 무엇인지조차 잊고, 그저 하루하루를 흘려보내고 있었다.

어느 날, 미래의 밝은 모습을 보며 과거는 깊은 고민에 빠졌다.

'왜 나는 이렇게 시간을 허비하고 있을까?'

미래는 과거의 시계가 멈춘 것을 보고 안타까운 마음이 들어 그에게 다가가 말했다.

"과거야, 작은 것부터 시작해봐. 오늘은 네가 배우고 싶은 일을 찾아보는 거야!"

이 조언은 과거에게 새로운 희망의 불씨가 되었다. 그는 마음속으로 다짐했다.

'나는 원하는 것을 시작할 자격이 있어.'

그 순간, 놀랍게도 오랜 시간 멈춰있던 과거의 시계가 다시 돌아가기 시작했다! 과거는 자신이 원하는 일을 찾기 위해 작은 첫걸음을 내디뎠다. 그림을 그리기 시작하고, 책을 읽고, 새로운 취미를 찾아 나섰다. 하루하루가 다르게 밝아지기 시작했고, 그의 시계는 점점 더 빠르게 돌아갔다. 두 친구는 함께 배움을 통해 행복한 추억들을 만들어갔다. 이제 과거는 더는 시간을 낭비하지 않았다. 그는 매일매일을 소중히 여기며, 미래와 함께 새로운 꿈을 향해 나아갔다. 상상력의 시계는 그들의 긍정적인 생각과 함께 끊임없이 돌아갔고, 마을은 다시 활기차고 행복한 에너지로 가득 찼다. 과거는 이제 더 이상 과거가 아닌, 미래를 향해 나아가는 주인공이 되었다.

이 우화 속의 주인공 과거처럼, 우리는 자신의 진정한 욕구와 꿈을 찾는 과정이 작은 첫걸음에서 시작된다는 사실을 알 수 있다. 긍정적인 태도로 배우는 과정에서 우리는 자신감을 얻고, 앞을 향해 더욱 힘차게 나아갈 수 있다. 세상에는 당신을 기다리는 무궁무진한 배움과 흥미로움이 존재한다는 사실을 잊지 말자. 이제 당신의 시계를 다시 돌려보자. 작은 변화가 큰 변화를 가져올 수 있음을 믿고, 오늘부터 당신의 꿈을 향해 나아가는 주인공이 되어보자. 당신의 미래는 당신의 손안에 있다.

나만의
무한 긍정 에너지 배터리, 가족

한때 재정난에 처한 회사에서 해고 통보를 받았을 때, 하루아침에 일자리를 잃은 나는 마치 텅 빈 껍데기처럼 느껴졌다. 서울의 단칸방 생활을 정리하고 고향 집으로 내려갔을 때, 모든 것이 변했다고 생각했지만, 가족들은 변함없이 나를 반겨주었다. 그 순간, 가족과 함께 바다 여행을 떠나기로 했다. 탁 트인 바다와 시원한 파도 소리를 들으며 나는 해방감을 느꼈다. 그 순간 엄마의 따뜻한 말은 내 마음을 감싸주었다.

"충분히 잘 해왔어. 지금은 힘들어도 시간이 지나면 오히려 값진 교훈이 될 거야."

그 말은 내 마음속에 깊이 새겨졌다. 그동안의 회사 생활이 머릿속에 파노라마처럼 스쳐 지나갔고, 마음은 착잡했지만 긍정적으로 생각해야겠다는 마음이 들었다. 언니는 나를 근사한 옷가게로 데려가 옷을 선물해주었다. 비싼 가격에 머뭇거리는 나에게 언니는 이렇게 말했다.

"원래 좋은 일이 생기기 전에 힘든 일이 찾아온대."

좋은 옷 입고, 더 좋은 곳에 가자고 다독이는 언니의 따뜻한 마음과 배려 덕분에 나는 큰 힘을 얻었다. 아빠와는 처음으로 데이트를 했다. 시장을 함께 구경하고 도서관에서 책을 읽으며 대화를 나누었다. 오랜 회사 생활을 겪어본 아빠는 나에게 인생 조언을 해주며 편지까지 써주셨다. "바르게 자라주어 고맙다. 사랑한다"라는 말이 적혀 있었다. 무뚝뚝한 아빠의 진심이 느껴져서 괜스레 마음이 울컥해졌다.

만약 당신이 힘든 시기를 겪고 있다면, 가족과의 소중한 추억을 만드는 시간을 가져보면 어떨까? "혼자 가면 빨리 가지만, 함께 가면 멀리 갈 수 있다"라는 말처럼, 내가 작고 초라해 보일 때 가족과 함께 시간을 보내보자. 그러면 내가 누구인지, 나에게 중요한 가치가 무엇인지 다시금 생각해보는 계기가 될 수 있다. 당신의 있는 그대로의 모습, 소중한 가치를 재확인할 수 있다면, 당신이 다시 일어서는 데 큰 힘을 얻을 수 있을 것이다.

추억이 지닌 회복의 힘
: 인생을 길게 보는 마음을 가지기

"시간이 참 빠르다! 그치, 언니?"

우리는 예전에 살던 동네로 돌아가 놀이터에서 그네를 타며 어릴 적 추억을 회상했다. 이미 다 큰 어른이지만, 그곳에 서니 마음만큼은 다시 어린아이로 돌아간 듯했다. 언니와 아이처럼 놀이터에서 뛰어놀다 보니, 기분이 좋아지고 마음이 한결 가벼워졌다. 우리는 함께 고등학교 교정을 걸으며 힘들었던 수험생 시절을 이야기했다. 그때는 대학교가 전부일 줄 알았지만, 시간이 지나면서 그것이 삶의 전부는 아니라는 사실을 깨달았다. 고난이 닥치면 종종 돋보기를 들고 그 문제에만 집중하게 된다. 하지만 가족과 함께 시간을 보내다 보면, 마음이 환기되고 문제를 멀리서 바라볼 수 있는 여유가 생긴다. 힘든 시기도 몇 년 후에는 나에게 뜻깊은 교훈으로 남을 수 있겠다는 생각이 들면서 마음이 편안해졌다. 회복탄력성을 기르기 위해서는 문제에서 잠시 벗어나 멀리 보는 여유가 필요하다. 나는 이를 통해 함께한 과거의 추억이 현재의 힘이 되고, 그 힘이 미래의 길을 밝혀줄 수 있다는 사실을 깨달았다.

고민은 나누면 반이 된다!
가족과 소통하며 한 걸음 더 성장하기

과거의 나는 고민이 생기면 혼자 끙끙 앓는 스타일이었다. 문제를 내면의 고통으로만 여겼고, 그로 인해 더욱 고립감을 느꼈다. 그러나 시간이 지나면서 가족과 함께 문제를 나누고 조언을 얻는 것이 삶에 큰 도움이 된다는 것을 깨달았다. 많은 사람들이 힘든 상황에 처했을 때, 부정적인 평가에 대한 두려움이나 스스로 문제를 해결해야 한다는 압박감 때문에 소통을 피하게 된다. 하지만 때로는 조언을 통해 다양한 시각에서 문제를 바라보는 것이 더 나은 해결책을 찾는 데 도움이 될 수 있다.

첫 번째 단계는 '문제의 명확화'이다. "현재 내가 겪고 있는 문제는 무엇인가?"라는 질문을 통해 문제를 구체적으로 정의하는 것이 중요하다. 예를 들어, 직장에서의 스트레스, 인간관계의 어려움, 또는 개인적인 목표 달성의 어려움 등 어떤 문제인지 명확히 해보자. 문제를 명확히 하면, 그에 대한 해결책도 더 쉽게 찾을 수 있다.

두 번째는 '감정 공유'이다. 자신의 감정을 솔직하게 표현하는 것은 문제를 해결하는 데 중요한 첫걸음이다. 감정을 나누면 그 감정이 왜 생겼는지 이해할 수 있고, 이를 통해 문제를 더 명확히 인식할 수 있다. 예를 들어, "요즘 직장에서의 스트레스로 인해 매우 불안하고, 때때로 무기력함을 느낀다."라고 덧붙이면, 감정의 원인을 더 구체적으로 설명할 수 있다.

세 번째는 '의견 요청'이다. "현재 내가 겪고 있는 문제에 대해 어떻게 생각하나요?"라는 질문을 통해 상대방이 문제를 이해하고 그들의 의견을 들을 수 있는 기회를 제공한다. 상대방의 시각에서 문제를 바라보면 새로운 통찰이나 해결책을 발견할 수 있다.

네 번째는 '경험 공유'이다. "이와 비슷한 상황을 겪어본 적이 있나요? 그때 어떻게 대처했나요?"라고 질문해보자. 이는 상대방의 경험담을 통해 유용한 조언을 얻는 방법이다. 그들이 겪었던 어려움과 극복 방법을 듣는 것은 큰 힘이 될 수 있다. 비슷한 경험을 공유함으로써 혼자가 아니라는 느낌을 받을 수 있다.

마지막으로 '행동 실천'이다. 유용한 조언을 바탕으로 다음에 어떤 행동을 취할 것인지 구체적인 행동 계획을 세우는 것이 중요하다. 특정한 목표를 설정하거나 실천할 수 있는 작은 단계를 정리해보자. 행동으로 옮기는 것이 변화의 시작이다.

"문제를 해결하는 가장 좋은 방법은 그것을 나누는 것이다."라는 심리학자 카를 융의 말처럼, 가족과의 소통은 단순한 대화가 아니라 서로의 삶을 풍요롭게 하고 어려움을 함께 극복하는 중요한 과정이다. 어려움을 겪을 때 도움을 요청하는 것은 결코 약한 행동이 아니다. 오히려 이는 강한 사람만이 할 수 있는 용기 있는 선택이다. 그 과정에서 얻는 지혜와 지지는 당신의 회복탄력성을 키우고, 삶의 도전에 더욱 강하게 맞설 수 있는 힘을 줄 것이다. 가족과의 소통을 통해 당신의 고민을 나누고, 함께 성장하는 여정을 시작해보자. 당신의 삶은 더욱 풍요로워질 것이다.

성공의 원체험을 시련 극복의 원동력으로 삼아라

　　인생은 때때로 힘든 일들이 연달아 찾아오곤 한다. 그럴 때면 자신감을 잃고, 삶의 무기력감에 빠지기 쉽다. 나 역시 회사 대표의 사기와 재정난으로 인해 연이어 일자리를 잃었을 때, 한동안 부정적인 생각에 사로잡혀 있었다. 그러나 이대로 주저앉을 수는 없었다. 그때, 나는 성장일기를 읽으며 과거의 성공 경험을 떠올리기 시작했다. 특히 스파르탄 레이스에서의 경험은 어려운 만큼 나에게 큰 감동과 성취감을 안겨주었다. 그래서 다시 그 일에 도전하기로 결심했다.

　　처음에는 운동을 쉬었던 탓에 두 배로 더 열심히 해야 했지만, 도전 자체가 주는 활력감 덕분에 다시 살아난 기분이 들었다. 대회 당일, 업그레이드된 장애물과 긴 거리에도 불구하고 긴장보다는 설렘이 더 컸다. 나는 이 순간을 내 인생의 전환점으로 생각하며 최선을 다해 달렸다. 그 결과 2등을 했고, 그 성취감은 이전의 1등보다 훨씬 더 값지게 느껴졌다.

이 경험을 통해 나는 시련이 끝이 아닌 새로운 기회의 문이라는 사실을 깨달았다. 그동안의 성공 경험을 돌아보며, 나의 도전 스토리를 책으로 만들기로 결심했다. 하지만 책 쓰기의 여정은 생각보다 더 쉽지 않았다. 수많은 글쓰기 강의와 책을 읽어도, 쓰고 지우기를 반복하며 제자리 걸음이었다. 그러나 포기하고 싶지 않았다. 나는 과거의 풀코스 마라톤 완주 경험을 떠올리며, 내 안의 끈기와 인내심을 기억했다. 열정의 불씨를 꺼뜨리지 않기 위해 책 출간회나 북토크쇼에 참석하며, 다른 사람들이 꿈을 이룬 모습을 보며 나 또한 꿈을 이룰 수 있다는 희망을 품었다.

정말 길을 잃은 것 같은 기분이 들었을 땐 운명처럼 새로운 기회를 만났다. 여러 명의 사람이 모여 책 한 권을 만드는 공동작가 프로젝트를 발견하게 되었고, 한 달에 한 번씩 참여하며 총 7권의 책에 내 스토리를 담을 수 있었다. 지인들이 책을 사서 읽고 긍정적인 피드백을 주는 모습을 보며 나는 희망을 얻었다. 어느덧 2년여의 시간 지난 후 곧 내 책이 세상에 나올 날이 얼마 남지 않았다는 것에 가슴 벅찬 행복감을 느낀다.

힘든 시기일수록 낙담에 빠지기 쉽다. 하지만 과거의 성공 경험을 되새기면, '그래, 나는 이런 능력이 있었지'라고 되새기고, 자신이 가진 자원을 확인하며, 다시 도전할 용기와 희망을 얻을 수 있다. "단 한 번도 실패하지 않았다는 것이 실패다"라는 말처럼, 인생을 살며 도전하는 과정에서 우리는 무수히 넘어지는 과정을 겪게될 것이다. 그러나 그 과정이 있기에 결과가 더욱 값지고 의미 있다.

연구에 따르면, "회복탄력성이 높은 사람들이 스트레스 상황에서도 긍정적인 태도를 유지하며 문제 해결 능력이 뛰어나다"라고 한다. 이는 그들이 과거의 어려움을 극복한 경험을 통해 자신감을 얻었기 때문이다. 만약 지금 어려운 시기를 겪고 있다면, 잠시 과거의 성취감을 느꼈던 성공 경험을 떠올려보는 건 어떨까? "그때도 이뤄냈다면, 나는 지금도 해낼 수 있다!"라는 마음가짐을 통해 우리는 또 다른 성공 경험을 만들 수 있다. 아무리 작은 걸음처럼 보여도, 그 일을 시작하는 지금 이 순간이 당신의 인생의 전환점이 될 수 있다. 실패와 성공 모두가 중요한 경험이며, 이를 통해 우리는 더 나은 자신으로 성장할 수 있다는 사실을 반드시 기억하자.

========= 자신을 믿고 응원하는 힘
: 매일 아침, 긍정 확언으로 새롭게 시작하기!

"나는 한심해, 할 수 없을 거야"라는 생각들은 나도 모르는 사이 내 머릿속에서 반복 재생되며 시간이 갈수록 무기력한 상태에 빠지게 만들었다. 하지만 나는 아침마다 의식적으로 나를 응원하는 말을 해주었다. 문 앞에 붙여둔 글을 또박또박 읽고 나서야 생각은 긍정적으로 전환되었고, 희망적인 마음으로 문밖을 나설 수 있었다. 이처럼 우리는 날마다 긍정적인 마음 세팅이 필요하다. 다음의 긍정 확언은 나를 무기력에서 구해준 은인 같은 문장들이다. 사람마다 상황에 따라 와닿는 말이 다르다. 읽었을 때 당신의 마음에 더욱 감정적 울림이 있는 문장을 선택해 적어 보자. 잘 보이는 곳에 붙여두고 아침, 저녁, 그리고 부정적인 생각이 날 때마다 읽는다면, 부정적인 생각 대신 새로운 긍정적인 생각들로 가득 차게 될 것이다.

- "나는 나를 부드럽게 대하고 다정하게 말을 건넨다."
- "내가 완벽하지 않다는 것을 알지만, 그래도 괜찮다. 왜냐하면 그것이 나를 성장시키고 발전시키는 기회가 되기 때문이다."
- "나는 삶이 특별한 기회임을 안다."
- "나는 무궁무진한 가능성을 가졌다."
- "나는 내가 가진 가능성을 굳게 믿는다."
- "매일 해가 뜰 때마다 새로운 모험이 나를 기다리고 있다."
- "나는 매일 소중한 하루에 최선을 다한다."
- "나에게 좋은 기회가 찾아오고 있다."
- "나의 꿈은 가장 알맞은 때에 가장 좋은 방법으로 생각보다 크게 이뤄진다."
- "나는 모든 일이 순조롭다. 나는 모든 일이 잘 풀린다."
- "자신을 사랑한다면 무엇이든 될 수 있다."
- "나는 내가 나인 것에 감사한다."
- "나 자신을 사랑하고 인정한다."
- "나는 나를 아끼고 존중한다."

- "나는 정말 잘하고 있다. 정말로 잘 하고 있다."
- "긍정적인 마음과 함께라면, 언제나 나아갈 길은 있다."
- "나는 내가 원하는 일을 이루는 사람이다"
- "나는 나의 강인함을 믿는다."

2016년의 한 연구에서는 긍정적인 자기 확언이 불안과 우울증을 감소시키고, 개인의 회복탄력성을 높이는 데 기여한다는 결과가 나왔다. 유명한 심리학자 루이스 헤이는 "당신이 생각하는 대로 당신의 삶이 만들어진다"라고 말한다.

긍정적인 마음가짐은 우리의 행동과 결과에 직접적인 영향을 미친다. 하지만 이러한 생각은 누가 대신 관리해주지 않는다. 각자가 의식적으로 갈고닦는 노력을 해야 한다. 매일 샤워를 하듯, 긍정 확언을 되뇌며 마음을 깨끗하게 만들어보자. 긍정적인 마음으로 나아갈 때, 우리가 가진 무궁무진한 가능성도 빛을 발휘할 수 있을 것이다.

타인과 나누는
기쁨을 느껴라

　오늘 날씨는 영하 7도. 여러 겹의 옷을 든든히 껴입고 나서, 집을 나선다. 버스를 타고 2시간을 달려 도착한 곳은 낡은 집들이 모여 있는 서울의 달동네. 오늘은 22명의 봉사자들이 모여 5가구에 연탄 3천 장을 전달한다. 목장갑과 우비를 입고 손에 손으로 검정색 연탄이 옮겨진다. 연탄 한 장의 무게는 3.5kg. 두 개씩 끊임없이 나르다 보니, 숨이 차고 땀도 난다. 그러나 누구 하나 힘든 내색 없이, 열심히 따뜻함을 나른다. 3시간이 지나 모든 연탄이 배달되었다. 등이 꼬부라진 할머니가 나오셔서 봉사자들의 등을 쓰다듬며 고맙다고 말씀하시는 모습을 보며 가슴이 뭉클했다. 몸은 조금 고되었지만, 함께 힘을 모아 나른 연탄으로 따뜻한 겨울을 보내실 어르신들을 생각하니 웃음이 절로 나왔다. "행복은 나눌수록 배가 된다"라는 말을 다시 한번 느낄 수 있는 값진 하루였다.

지하철역 앞, "빅이슈~, 빅이슈 사세요!"라고 힘차게 외치는
한 사나이가 있다. 붉은색 조끼를 입고, 온종일 구슬땀을 흘리며
잡지를 판매하는 이들은 이 일이 삶의 희망이자, 새로운 기회이
다. 과거 홈리스 생활을 청산하고, "노력한 만큼 조금씩 생활이
나아진다."라는 마음으로 쉬지 않고 빅이슈를 외친다. 잡지 가격
은 7천 원이지만, 가격 그 이상의 가치가 있다. "사장님~ 오늘은
많이 파셨어요?" 그랬더니 머리가 희끗한 판매원분이 웃으시며
대답하신다. "많이 못 팔았어요~, 그래도 학생 덕분에 기분이 좋
네." 마음이 씁쓸했는데 할아버지의 미소를 보니 왠지 모르게 마
음이 울컥해졌다.

나는 편의점으로 달려갔다. 그리고 비타민 음료와 소소한 주
전부리를 전해드리며 말했다.

"사장님, 잡지 잘 읽을게요! 그리고 좋은 잡지 판매해주셔서
정말 감사합니다."

그러자 할아버지는 말을 더듬으시더니 가방 안에서 새 샴푸
하나를 꺼내 나에게 건네주셨다. 자기가 줄 수 있는 게 이것밖에
없다며…. 집에 오는 내내 할아버지의 말씀과 환한 미소가 떠올
라 가슴이 따뜻했고 나도 모르게 웃음이 흘러나왔다.

우연히 한 다큐멘터리를 보았다. 소아암 환자의 실제 병상 생
활을 담은 모습이었다. 7~9세 정도 되는 작은 아이들의 몸에 암

세포가 생겨 오랜 시간 치료를 받아야 했고, 어른들도 견뎌내기 힘든 항암 치료를 받고 있는 아이들을 도울 방법이 없을까 고민하기 시작했다. 그러던 중 항암 치료로 탈모가 심한 어린이용 특수가발을 제작해 소아암 어린이에게 기부하는 '어머나 운동'을 알게 되었다. 나는 곧바로 동네 미용실로 달려가 10년간 길러온 머리카락 30cm를 덜어냈다. 어린아이들에게 유용하게 쓰일 수 있다는 생각에 자르는 내내 행복한 마음이 들었다. 돈은 많지 않아도, 나눌 수 있는 머리카락이 있다는 사실에 감사함을 느꼈다.

세상은 혼자 사는 것이라 말하지만, 소소한 소통과 나눔을 통해 결코 혼자가 아님을 느꼈다. 작게나마 내가 누군가에게 도움이 될 수 있다는 사실에 희망을 느꼈고, 타인과 나누는 기쁨을 통해 내가 가지지 못한 것이 아닌, 가진 것에 깊이 감사할 수 있었다.

이 경험들을 통해 나는 인생은 혼자 사는 것이 아니라, 함께 나누는 것이라는 사실을 깨달았다. 힘들고 어려운 순간에는 나눔의 힘과 가치는 더욱 발휘되며, 누군가의 아픔을 덜어줄 힘이 나에게 있다는 사실이 오히려 스스로에게 좋은 힘이 될 수 있다는 것도 알 수 있었다. 이것만으로도 삶의 희망의 불꽃을 다시 지필 수 있으며, 강한 회복탄력성이 키워진다.

나눔은 자신이 지닌 가치를 더욱 키워준다!
회복탄력성을 키우는 질문들

한 친구가 남자친구와 헤어지면서 자존감이 낮아져 힘들어하고 있었다. 그 모습을 지켜보며 나는 그녀와 연락을 주고받으며 묵묵히 이야기를 들어주고, 지지해주었다. 다행히 그녀는 아픔을 회복하고 나서 전보다 더욱 자신을 사랑하고 단단해질 수 있었다. 이후 친구는 내가 힘든 일이 있을 때마다 곁에서 힘이 되는 이야기를 해주었다. 이처럼 서로를 돕고 지지하는 과정에서 우리는 각자의 회복탄력성을 키워나갈 수 있다는 사실을 깨닫게 되었다.

이제 당신도 그동안의 경험을 되돌아보며 나눔이 자신의 삶에 어떠한 긍정적인 영향을 미쳤는지를 생각해보는 시간을 가져보자. 이러한 성찰을 통해 우리는 나눔의 가치를 더욱 깊게 이해하고, 일상 속에 긍정적인 변화를 가져오는 계기를 마련할 수 있다.

먼저 "누군가를 도운 경험이 있는가?"라는 질문을 떠올려보자. 최근에 누군가가 도움이 필요할 때, 어떤 방식으로 그를 도와주었는지 생각해보자. 그의 이야기를 들어주거나, 필요한 도움을 제공했을 수 있다. 이 경험을 통해 어떤 기쁨을 느꼈는지 되살려보자. 당신이 도와준 사람의 고마움이나 안도감을 보며 기분이 좋아졌다면, 그 이유는 무엇일까? 나눔의 기쁨이 당신의 삶에 어떤 긍정적인 영향을 미쳤는지도 함께 떠올려보면 좋다.

반대로 누군가가 당신의 어려움을 덜어주었던 경험이 있는지 생각해보자. 타인의 도움이나 소통이 당신에게 어떤 힘을 주었을까? 친구의 도움이 일을 해결하는 데 도움이 되었던 경험이나, 가족과의 진솔한 대화를 통해 위로받았던 순간 등을 되살려보

자. 그 순간이 당신에게 어떤 긍정적인 영향을 미쳤는지 생각하며, 타인이 나에게 준 긍정적인 영향을 돌아보는 기회로 삼을 수 있다.

마지막으로, "당신은 앞으로 나눔을 통해 어떤 변화를 만들어 가고 싶은가?"라는 질문을 통해 앞으로 어떤 방식으로 나눔을 실천하고 싶은지 생각해볼 수 있다. 예를 들어, 자원봉사, 친구에게 도움 주기, 또는 소셜 미디어를 통해 긍정적인 메시지를 전하는 방법 등을 고려해보자. 그 실천이 나의 삶에 어떤 긍정적인 변화를 가져올 것이라고 생각하는지도 적어보자. 이 질문을 통해 당신이 가진 것에 대해 감사함을 느끼며, 이를 가치를 나눌 수 있는 방법을 구체적으로 계획하는 기회로 삼을 수 있다.

"우리가 가진 것의 일부를 나누는 것은 자신이 가진 것의 가치를 더욱 높여준다."라는 말처럼, 누군가에게 희망과 온기를 전할 때, 우리 자신이 회복되는 경험을 할 수 있다. 또한 서로를 더욱 견고하게 만들 것이다. 누군가를 돕는 대가로 우리가 얻는 것은 단순한 감사함이 아닌, 자신의 마음을 돌보고, 상처를 이해하고 필요한 '친절함'이다. 우리는 나눔의 기쁨을 통해 자신의 온기를 되새기고 이를 느끼며, 함께 강해질 수 있다. 회복탄력성은 타인과의 관계에서 더욱 견고하고 단단하게 길러진다는 사실을 기억하자.

Chapter. 6

최고의 나를
이끌어내는 방법

받은 것은 그 이상으로
돌려주려는 태도

사람은 자신에게 긍정적인 영향을 준 이들을 마음속에 깊이 새긴다. 특히 힘든 시기에 도움을 준 사람은 오랫동안 기억에 남는다. 나에게도 그런 분이 있다. 그분과는 한 번도 만난 적이 없지만, 그분의 존재는 내 인생에 큰 변화를 가져다주었다. 그 시작은 바로《뜨겁게 나를 사랑한다》라는 책이었다. 이 책의 문장들은 나에게 다시 일어설 수 있는 힘을 주었고, 나는 그 내용을 꼼꼼히 필사하며 마음을 다잡았다. 책의 저자이신 마인드파워스쿨의 조성희 대표님에 대해 더 알고 싶어 정보를 찾던 중, 유튜브 채널을 발견했다. 약 400개의 영상을 음악처럼 반복해서 들으면서, 나는 자책의 늪에서 벗어나 다시 일어설 힘을 얻었다. 일면식도 없었던 그분의 마인드와 메시지는 내 인생에 긍정적인 영향을 미쳤고, 그분에게 받은 도움을 되돌려주고 싶다는 마음이 커졌다.

'그분이 필요로 하는 것이 무엇일까?' 고민하던 중, 내가 할 수 있었던 첫 번째 일은 유튜브에 응원 댓글을 다는 것이었다. 그러던 중 마인드파워스쿨의 서포터즈를 모집한다는 소식을 접하고, 주저 없이 지원했다. 서포터즈로 활동하며 수업을 보조하고, 학생들의 교재 발송을 도우면서 매달 한 번씩 대표님을 만날 기회를 가졌다. 영상 속에서 "생각대로 된다!"라고 외치던 모습은 강렬했지만, 알고 보니 초코우유를 좋아하고 소소한 것에 감동 받는 따뜻한 분이었다. 작은 도움이라도 드리고자, 유튜브 400편을 반복해서 본 시청자의 입장에서 궁금해할 만한 점을 떠올렸다. 대표님께 도움이 될 만한 아이디어를 제공하기로 결심했고, 매번 만나러 갈 때마다 콘텐츠 아이디어를 정리해 드렸다. 감사하게도 대표님은 내 아이디어로 영상을 찍어주셨고, 그 영상들이 하나둘 올라올 때마다 뿌듯함과 감동이 밀려왔다.

이후 대표님의 제안으로 서포터즈에서 직원으로 일하게 되었고, 나는 그분과 함께하며 중요한 사실을 깨달았다. "나만 잘 살면 돼"라는 개인적인 이익을 넘어, 수강생들에게 더 큰 가치와 영향을 주고자 해외까지 나가 공부하시는 대표님의 모습은 나에게 깊은 인상을 남겼다. "성공하는 사람에게는 성공할 수밖에 없는 마음가짐과 노력이 있다."라는 것을 알게 된 후, 나는 더욱 일에 대한 책임감을 갖고 전문성을 키우려는 노력을 하게 되었다. 매일 잘 되는 콘텐츠를 분석하고, 오프라인 강연과 관련 서적을 찾아 읽으며 나의 능력을 발전시켰다.

대표님은 자주 나에게 책을 선물해주셨고, 그 앞장에는 손편지가 적혀 있었다. 편지를 읽으며 단순히 일을 잘 해내고 싶다는 마음을 넘어, 인간적으로 더 나은 사람이 되고자 하는 의지를 다지게 되었다. 결국, 누군가에게 받은 도움을 돌려주려는 태도는 나의 인생에 뜻깊은 교훈을 주었고, 내 인간적인 자질과 능력을 키워나가는 원동력이 되었다. 이 경험을 통해 깨달은 것은, 우리가 받은 사랑과 도움을 나누는 것이야말로 최고의 나를 이끌어내는 방법이라는 것이다. 이는 서로의 삶을 풍요롭게 하고, 함께 성장하는 중요한 과정임을 잊지 말자.

한계를 깨는 도전을 시작하게 된 계기, 한 아이와의 특별한 만남!

인생의 여정에서 만난 한 아이가 있다. 대학교 시절, 고아원에서 봉사하며 만난 그 아이는 유치원에 갈 나이였다. 처음 본 그날, 그 아이가 고사리손으로 내 손을 꼭 잡고 여기저기 구경시켜 주던 모습이 아직도 생생하다. 그 아이를 만나러 가는 날이 되면 마음이 두근거리고 행복했다. 혼란스러운 시절, 스스로 보잘것없는 존재라고 생각하던 나에게 그 아이는 "저는 선생님처럼 멋진 어른이 될 거예요"라고 말하며 나를 좋게 봐주었다. 봉사 하러 갔지만, 오히려 그 아이에게 많은 도움을 받는 기분이 들어 참 고마웠고, 그 아이와 함께할 때는 온전히 내 모습이 되어도 괜찮다는 생각이 들었다. 하지만 아이를 알아갈수록 마음이 무겁고 미안한 마음이 들었다. "선생님, 항상 제 곁에 있어 주세요!"라고 말하던 그 아이의 눈빛을 잊을 수 없다. 내가 항상 곁에 있어 줄 수는 없지만, 그 아이의 웃음을 오랫동안 지켜주고 싶다는 생각이 들었다. 이 만남은 나에게 어떻게 하면 아이에게 도움을 줄 수 있을지 깊게 생각해보는 계기가 되었다.

문득 이런 생각이 들었다. 만약, 학교에서도 '자신을 아끼고 사랑하는 방법'에 대해 배울 수 있다면 어떨까? 나다운 꿈과 비전을 찾는 방법, 나를 있는 그대로 사랑하고 존중하는 방법, 감정 표현을 숨기지 않고 잘 표현하는 방법, 친구들과 사이좋게 지내는 방법 등을 배울 수 있다면 보다 건강한 가치관과 높은 자존감을 가진 어른이 될 수 있을 것이라는 생각이 들었다. 그때부터 나에게는 '자기사랑교과서' 만들기의 큰 꿈이 생겼다. 하지만 그 당시, 그저 평범한 대학생이었던 나에게 그 꿈은 아주 먼 일처럼 보였다.

그러나 "간절히 원하면 이루어진다"라는 말처럼 새로운 기회의 문이 열렸다. 운명처럼 책 한 권, 《멈추지마, 다시 꿈부터 써 봐》를 읽게 되었고, 그 책을 읽자마자 머릿속에는 앞으로 내가 해나가야 할 일들에 대한 지도가 그려졌다. 나는 언제나 그 아이를 기억하며 다양한 도전을 했고, 포기하지 않고 내 안의 결핍과 한계를 지워나갔다. 덕분에 나는 107가지의 버킷리스트를 이룰 수 있었고, 드디어 오랜 시간 준비해온 대학원에 합격하게 되었다. 그 순간, 큰 꿈에 한 걸음 더 가까워졌다는 생각에 가슴이 울컥했다. 만약 그 아이와의 만남이 없었다면 지금 나의 인생은 어땠을까? 디자이너라는 꿈도 좋지만, 나는 내가 살아있음으로 인해 누군가에게 도움이 되는 일을 할 수 있기를 바라는 마음을 품고 살아간다. 결국 이러한 경험을 통해 나는 받은 도움은 그 이상으로 돌려주려는 태도가 자신의 인생 방향까지도 바꿀 수 있다는 사실을 깨닫게 되었다.

우리는 모두 인생을 살아가며, 많은 이들의 도움을 받으며 성장한다. 그 사람은 우리의 귀인이자, 더 나은 사람으로 나아가게 하는 원동력이 된다. 이 글을 읽고 당신의 마음속에 떠오르는 사람이 있다면, 어떻게 하면 내가 받은 것, 그 이상으로 돌려줄 수 있을지 생각해보길 바란다. 그런 마음과 노력이 모여, 당신의 잠재력을 최고치로 끌어올리는 원동력이 될 수 있다. 성실히 자신을 갈고닦다 보면, 언젠가 그 사람에게도 도움을 줄 수 있는 날이 올 것이다. 또한 그 사이, 많이 성장하고 성숙해진 당신을 만날 수 있을 것이다.

===== 최고의 나를 이끌어내는 질문들
: 받은 도움을 나누며 성장하는 여정!

우리는 대개 자신이 받은 것에만 집중하곤 한다. 그러나 진정한 성장과 발전은 누군가에게 도움을 주려는 이타적인 마음에서 시작된다. 다음의 질문들은 당신이 받은 도움을 돌아보며, 그 경험을 통해 당신의 능력을 함께 성장하는 방향으로 키워나갈 수 있도록 도와줄 것이다.

1. 당신의 귀인은 누구인가? 당신의 인생에서 가장 큰 영향을 준

사람은 누구인지 생각해보자. 가족, 친구, 멘토, 혹은 우연히 만난 사람일 수 있다. 그들의 존재가 당신에게 어떤 의미였는지 되새겨보아야 한다. 그 사람의 지지와 격려가 당신의 삶에 어떤 변화를 가져왔는지 생각해보는 것이 중요하다.

2. 그 사람이 당신에게 준 영감은 무엇인가? 영감은 종종 작은 행동에서 비롯된다. 그 사람의 어떤 행동이나 말이 당신에게 깊은 영감을 주었는지 떠올려보자. 예를 들어, 그 사람이 보여준 끈기나 열정이 당신의 목표를 향한 의지를 어떻게 북돋았는지 구체적으로 생각해볼 수 있다.

3. 나는 그 사람에게 어떤 도움을 줄 수 있을까? 도움은 단순히 물질적인 것이 아니다. 당신의 지식, 경험 또는 따뜻한 마음이 그 사람에게 큰 힘이 될 수 있다. 그 사람의 필요를 이해하고, 어떻게 그들에게 긍정적인 영향을 미칠 수 있을지 생각해볼 수 있다. 이 질문은 당신이 가진 자원을 활용하여 다른 사람에게 실질적인 도움을 줄 수 있는 방법을 고민하게 한다.

4. 그 도움을 위해 내가 앞으로 노력해야 하는 것은 무엇일까? 그 사람에게 도움을 주기 위해 어떤 노력을 해야 하는지 구체적인 목표를 설정해보자. 예를 들어, 그 사람의 하는 일에 도움을 줄 수 있는 기술을 개발하는 등의 노력을 통해 그들에게 필요한 일에 도움을 줄 수 있다. 이 질문은 당신의 성장 목표를 명확히 하고, 실천 가능한 계획을 세우는 데 도움을 준다.

5. 도움을 주었을 때 당신이 어떤 기분이 들 것인가? 도움을 주는 것은 상대방뿐 아니라 자신에게도 큰 만족감을 준다. 당신

이 그 사람에게 긍정적인 영향을 미쳤을 때 느낄 기쁨과 자부심을 상상해볼 수 있다. 이러한 감정은 당신의 삶에 긍정적인 동기부여와 에너지를 불어넣는다. 또한 당신이 도움을 주는 과정에서 느낄 수 있는 긍정적인 감정을 상기시켜, 지속적인 성장의 원동력을 제공한다.

6. 내가 그 사람에게 도움을 주었을 때, 우리의 관계는 어떻게 변화할까? 도움을 주고받는 관계는 서로를 더욱 깊이 이해하게 하고, 신뢰를 쌓는 기회를 제공한다. 이러한 관계의 발전은 당신의 삶 속 전환점이 되고, 긍정적인 인식 변화를 가져올 수 있다.

이러한 질문들을 통해 당신은 자신이 받은 도움을 돌아보며, 그 도움을 어떻게 돌려줄 수 있을지를 고민하게 된다. 이 과정은 당신의 성장과 발전에 큰 도움이 된다. "우리가 받은 사랑을 나누는 것이야말로 진정한 행복의 시작이다."라는 명언을 기억하자. 결국, 누군가에게 도움을 주려는 태도는 당신이 최고의 나로 성장하는 데 중요한 요소이다. 당신에게 소명의식을 심어주며, 스스로 가진 긍정적인 영향력과 숨겨진 가능성을 일깨울 수 있다. 당신도 받은 도움을 나누며, 그 과정에서 자신도 성장하는 기회가 되길 응원한다.

24시간
몰입의 힘

    세상에 없던 일을 창조하고, 자기사랑 교과서를 만들겠다는 큰 꿈을 이루기 위해서는 무엇보다 자신감이 필요하다. 내가 그에 맞는 자질을 갖추고 있는지, 가고자 하는 길에 대한 확신과 믿음도 필요했다. 그래서 나는 100일간의 몰입의 시간을 가지기로 결심했다. 이 여정은 단순한 공부가 아니라, 나 자신을 깊이 이해하고 성장시키는 과정이었다. 몰입에 들어가기 전, 나는 시간을 후회 없이 알차게 사용하기 위해 몰입에 관한 책을 읽었다. 어떤 마음가짐으로 시간 관리를 해야 하는지를 인지하고, 마음이 흔들릴 때마다 초심을 되새기기 위해 중요한 핵심 내용을 파일로 정리했다. 주변의 지인과 친구들에게도 미리 사정을 이야기하여 집중력이 깨지지 않도록 환경을 조성했다. SNS를 정리하고, 온전히 몰입하기에 좋은 공간을 만들기 위해 최선을 다했다. 그리고 이 시간이 끝나면 나에게 어떤 긍정적인 결과가 생길지를 미리 상상하며 명확한 목표를 설정했다.

그러나 단단히 준비한 100일간의 여정은 생각보다 쉽지 않았다. 바깥 생활을 하던 내가 집 안에서만 24시간 머무르며 책을 읽고 공부하는 것은 큰 인내심을 요구했다. 바깥에서 뛰어놀고 싶은 마음을 누르기 위해 일주일 동안 머리를 감지 않았고, 배가 부르면 집중력이 흐려질까 봐 물만 마시며 공부했다. 매일 새벽 5시에 일어나자마자 찬물로 씻으며 정신을 깨웠다. 그리고 나에게 주어진 시간에 최선을 다하겠다고 굳게 다짐했다. 하루 목표를 정하고 타이머를 사서 공부한 시간을 체크하며, 매일의 성과를 기록했다.

공부는 결과물이 바로 나오지 않는 일이다. 때론 마음이 답답하고 조급해질 때도 있었다. 그래서 남는 시간에 심리학 관련 자격증 공부를 시작했다. 집중력이 떨어졌을 때 자투리 시간을 활용하여, 그렇게 획득한 자격증만 12개에 달했다. 매일 주어진 24시간을 이렇게도 사용할 수 있구나 싶을 정도로, 먹고 자는 시간을 온전히 공부에 몰입했다. 노력하는 내 모습이 점점 좋아졌고, 공부하며 깊은 깨달음을 얻을 때마다 큰 기쁨과 감동이 찾아왔다.

드디어 100일이 지나고, 그동안의 노력은 빛을 발휘했다. 정신의학자인 데이비드 호킨스 박사가 쓴 600페이지 이상의 책 10권을 정독했고, 그 책을 필사한 노트만 5권이나 되었다. 인간의 의식학, 뇌과학, 양자역학, 후성유전학 등의 서적을 읽으며 나 자신과 과거의 행동에 대한 깊은 이해를 할 수 있었다. 덕분에 내가 가고자 하는 방향에 대한 확신과 자기사랑 교과서를 만들 겠다는 소명감이 뚜렷해졌다.

몰입을 통해 느낀 것은, 사람은 명확한 목표가 있다면 그에 따라 끈기와 인내심이 길러진다는 사실이다. 최고의 나를 이끌어 내기 위해서는 충분한 몰입의 시간과 스스로와 깊은 대화를 나누는 시간이 '나다운 삶'을 만드는 데 꼭 필요하다는 것을 깨달았다. 빠르게 변화하는 시대, 무한 경쟁 사회에 살고 있지만, 결국 진짜 경쟁 상대는 어제의 나 자신이다. 몰입의 시간을 통해 온전히 내 인생에 집중하며 그 사실을 절감할 수 있었다. 이제는 내가 가고자 하는 목표와 스스로에게 집중하는 것이 일상이 되었다. 24시간 몰입의 힘은 나를 변화시켰고, 앞으로도 계속해서 나의 꿈을 향해 나아갈 수 있는 원동력이 될 것이다.

두 번째 몰입의 시간 : 인생을 변화시키는 집중의 힘

곧 나의 두 번째 몰입이 시작된다. 첫 번째 몰입에서는 무수한 고비가 있었고, 집중력이 원하는 만큼 나오지 않아 자책도 했지만, 그 과정을 통해 나의 집중력을 끌어올릴 수 있는 루틴을 파악하게 되었다.

올해의 목표는 책 집필과 대학원 준비였다. 그래서 나는 온전히 나의 날들을 목표에 초집중하기로 했다. 매일 새벽 6시에 헬스장에 갔다. 글쓰기에 참고할 책 3권을 챙기고, 런닝머신 위에서 빠르게 경보를 하며 책을 읽었다. 좋은 아이디어가 떠오르면

즉시 글을 썼다. 이렇게 새벽 6시부터 12시까지, 6시간 동안 1년 간 매일 그 일을 반복했다.

온전히 몰입하다 보니 누가 옆에 있는지도 모르게 자신에게 집중할 수 있었고, 시간은 정말 빠르게 흘러갔다. 처음에는 헬스장 회원들이 신기하게 바라보았지만, 시간이 지나면서 "어유, 세상에 이런 일이 나가봐~"라는 말과 함께 영양제, 단백질 음료, 과일 등 다양한 선물을 받게 되었다. 그러한 반응은 내심 뿌듯했고, 깊은 감사의 마음이 들었다. 헬스장에서 나온 뒤에는 가까운 독서실로 향했다. 지루하지 않게 환경을 변화시키며 매일 1시부터 밤 10시까지 공부를 했다. 덕분에 대학원 준비를 꾸준히 해나갈 수 있었고, 여러 번의 낙방이 있었지만 포기하지 않고 매달린 덕에 결국 원하던 대학원과 학과에 진학할 수 있게 되었다. 첫 번째 몰입이 갈림길에 서 있는 나에게 확신을 주었다면, 두 번째 몰입은 실력을 쌓고 결과물을 내는 시간이었다.

몰입이 가진 가치는 나에게 주어진 인생의 시간들을 어떻게 사용하느냐에 따라 삶의 질이 달라진다는 것을 마음 깊이 깨닫게 해주었다. '나의 세상의 중심은 바로 자신'이라는 사실을 깨닫고, 외부로 향해 있던 시선을 나에게로 돌리게 되었다. 세상에서 가장 스스로에게 관심을 가져야 할 사람은 바로 나라는 것을 일깨워주는 특별한 경험이었다.

결국 우리가 될 수 있는 최고의 나가 될 수 있는 방법은 자신에게 몰입하는 것이다. 24시간을 어떻게 하면 더욱 잘 보낼 수 있을까? 나의 최고 역량은 어디까지일까? 탐구의 시간을 통해 스스로의 인생을 더욱 잘 가꾸고 관리할 수 있으며, 당신이 가진 역량을 폭발적으로 키울 수 있는 기초를 마련하는 것이다.

연구에 따르면, 몰입은 개인의 성과와 창의성을 극대화하는 데 큰 영향을 미친다. 하버드 대학교의 연구 결과에 따르면, 몰입 상태에 있을 때 사람들은 문제 해결 능력이 5배 향상되고, 창의적인 아이디어를 도출하는 데 있어 더 높은 성과를 보인다. 이는 우리가 몰입을 통해 자신을 깊이 이해하고, 내면의 잠재력을 끌어내는 데 얼마나 중요한지를 잘 보여준다. 그러므로, 24시간 몰입의 시간은 단순한 자기계발이 아니라, 내가 가진 시간과 가능성을 최대한 이끌어내며 최고의 나로 살아가는 길임을 기억해야 한다.

일상 속 몰입의 힘!
'미니몰입법'으로 원하는 목표를 이루기

몰입은 단순히 집중하는 것을 넘어, 자신의 잠재력을 최대한 발휘할 수 있는 강력한 도구이다. 하지만 바쁜 일상 속에서 몰입의 시간을 만들기란 쉽지 않다. 그래서 '미니몰입법'을 통해 누구나 쉽게 따라 할 수 있는 방법을 제안한다. 이 방법을 통해 일상 속에서도 몰입의 힘을 경험해보자.

먼저, 목표 설정이 중요하다. 몰입을 통해 이루고자 하는 큰 목표를 설정하고, 이 목표를 작은 단계로 나누어 매일 하나씩 달성해 나가는 것이 필요하다. 예를 들어, 책 한 권을 읽고 싶다면 하루에 한 챕터씩 읽는 식으로 목표를 나누는 것이다. 작은 성공이 쌓이면 자신감이 생기고, 이는 몰입하기 쉬운 환경을 만들어 준다. 작은 목표는 큰 꿈으로 가는 디딤돌이 된다. 목표를 세분화함으로써, 매일의 성취감을 느끼고 지속적인 동기를 유지할 수 있다.

일관된 루틴을 설정하는 것도 중요하다. 매일 같은 시간에 몰입하는 시간을 정해두자. 이 시간에는 오로지 한 가지 작업에만 집중해야 한다. 예를 들어, 아침 7시부터 8시까지는 글쓰기 시간으로 정하는 것이다. 일관된 루틴은 몸과 마음이 몰입 상태로 들어가는 데 도움을 준다. 정해진 시간에 몰입하는 습관은 마치 운동처럼, 꾸준히 할수록 효과가 배가된다. 이렇게 정해진 시간에 몰입하는 것은 집중력을 높이고, 생산성을 극대화하는 데 기여한다.

몰입하기 전에 간단한 의식을 만들어보자. 예를 들어, 차 한 잔을 마시거나 짧은 명상을 하는 것이 좋은 방법이다. 이러한 의식은 몰입 상태로 들어가는 신호가 되어, 집중력을 높이는 데 기여한다. 자신만의 의식을 통해 마음의 준비를 하고, 몰입의 세계로 들어가자. 이 과정은 몰입을 위한 심리적 준비를 도와주며, 집중력을 한층 강화한다.

그다음은 몰입에 도움이 되는 환경을 조성하는 것이 중요하다. 10분이라도 몰입하는 동안 스마트폰, 컴퓨터 알림 등을 차단하여 방해 요소를 최소화하자. 작업 공간을 정리하여 시각적 방해를 줄이고, 몰입할 수 있는 환경을 만들어야 한다. 빠르게 돌아가는 세상에서 집중력을 유지하기 위해서는 유혹을 미리 차단

하는 것이 필요하다. 정돈된 환경은 몰입을 더욱 쉽게 만들어 주며, 집중력을 높이는 데 큰 역할을 한다.

몰입 후에는 규칙적인 휴식을 갖는 것이 중요하다. 예를 들어, 1시간 집중 후 15분 휴식을 정해두고, 이 시간을 활용해 스트레칭이나 간단한 운동을 하자. 산책이나 명상 등을 통해 정신을 환기하는 시간을 가지면, 몰입하는 시간의 효율성과 만족감을 높일 수 있다. 휴식은 몰입의 연료가 된다. 적절한 휴식은 집중력을 회복하고, 다음 몰입 시간의 생산성을 높이는 데 필수적이다.

마지막으로, 자신이 얼마나 잘 몰입했는지 주기적으로 점검하자. 필요한 경우 루틴을 재조정하는 '피드백 시간'을 갖는 것이 중요하다. 이를 통해 지속적으로 발전할 수 있는 가능성을 높일 수 있다. 피드백은 성장의 열쇠이다. 자신의 몰입 상태를 점검하고, 개선할 점을 찾아내는 과정은 개인의 발전에 큰 도움이 된다.

이러한 방법들을 통해 몰입의 힘을 일상 속에서 효과적으로 활용할 수 있다. 몰입은 단순한 집중을 넘어, 최고의 나를 이끌어내는 강력한 도구가 된다. "시간은 당신이 가진 가장 소중한 자산이다. 그것을 어떻게 사용하느냐에 따라 당신의 인생이 결정된다."라는 명언처럼, 시간을 소중히 여기고 몰입의 힘을 통해 원하는 목표를 향해 꾸준히 나아가길 바란다. 일상 속에서 미니 몰입법을 실천하여, 당신의 잠재력을 최대한 발휘해보자.

5년 후 나의
미래의 모습을 떠올려라

　인생의 여정에서 우리는 때때로 멈춰 서서 지나온 시간을 돌아보고, 앞으로 나아갈 길을 내다보는 시간이 필요하다. 이러한 순간은 그동안 살아온 자신에 대한 고마움을 느끼고, 미래에 이룰 꿈에 대한 확신을 얻는 기회가 된다. 끝나지 않을 것만 같았던 암흑기를 지나, 실력을 쌓기 위한 몰입의 시간을 보낸 후, 나는 단식원으로 향했다.

　입소 첫날, 소금물 2리터를 마시고 몸속의 찌꺼기를 내보내며, 몸이 비워지자 머릿속의 복잡한 생각도 말끔히 지워지는 기분이 들었다. 맑은 공기와 아름다운 경치 속에서 아침마다 산책을 하며 삶의 소중한 교훈을 얻는 기회를 가졌다. 그때 그곳에서 만난 어르신들과의 대화는 내 인생의 중요한 전환점이 되었다.

　버스 정류장에서 만난 할머니는 시골에서 평생을 살아오셨다. 매일 마을회관에서 다른 어르신들과 함께 시간을 보내지만, 하나둘 곁을 떠난다며 자신의 건강한 두 다리로 걷는 것만으로도 운이 좋다고 말씀하셨다. 그 말씀을 듣고, 삶의 유한함과 건강의 소중함을 다시금 되새길 수 있었다. 그리고 작은 분교의 교장 선생님과의 만남도 잊을 수 없다. 아이들의 웃음소리가 들려 이끌리듯 학교 안으로 들어가자, 인자한 교장 선생님이 나를 맞이해주셨다. 시간만 괜찮다면 학교를 구경시켜 주시겠다며 나는 교장 선생님을 따라 아이들을 만날 수 있었다. 한 아이는 자신의 꿈이 담긴 그림을 보여주었다. 환하게 웃으며 자신의 꿈을 이야기하는 아이를 보며, "사람은 나다운 꿈을 꿀 때, 진정한 행복과 희망을 찾을 수 있다." 라는 생각이 들었다.

교장 선생님은 성적도 중요하지만, 아이들이 무엇을 좋아하고 흥미를 느끼는지를 돕는 것이 더욱 중요하다고 말씀하셨다. 그리고 정문까지 나를 배웅하시며 "60년을 살아보니, 가장 중요한 건 오늘이에요. 바쁘게 살다 보면 지나고 나서 생각나는 추억이 많지 않더라고요. 그래서 열심히 살다가 가끔은 여유를 갖는 게 좋아요."라고 하셨다. 그 말씀에 마음이 편안해졌다. 예전에는 바쁘게 보내는 것이 잘 사는 것이라 생각했지만, 이제는 주어진 시간을 온전히 즐기는 것이 더 중요하다는 것을 깨달았다. 나는 가뿐한 걸음으로 가까운 스키장으로 향했다. 형형색색 스키복을 입고 가족이나 친구와 함께 웃고 있는 사람들을 보며 나에게 소중한 이들이 떠올랐다. 지칠 때마다 나를 일으켜준 가족과 응원해준 친구들이 있었기에 지금의 나도 존재할 수 있다는 사실을 다시 한번 느낄 수 있었다. 내 곁에 소중한 인연들이 함께 있기에 삶은 더욱 충만하다는 생각이 들자, 감사함이 물밀 듯 밀려왔다. 앞으로는 이러한 감사한 일들에 더욱 고마움을 표현하며 살아야겠다고 다짐했다.

　마지막으로 만난 버스 기사님은 은퇴 후 이곳에 정착하며 2년 동안 버스를 운전하고 계셨다. 버스비는 한 명당 500원, 하루에 1만 원 정도 벌지만 그럼에도 불구하고 행복한 삶이라며 소탈하게 웃으셨다. 기사님은 과거에 자동차 사고로 인생의 전환점을 맞이한 이야기를 들려주셨고, "사고는 언제 어디서 일어날지 모른다."라는 말씀을 해주셨다. 나는 그 말을 듣고 지금 이 순간, 내가 살아있기에 경험할 수 있는 모든 것이 참 귀하고 소중하다는 사실을 깨달았다. 버스에서 내려 혼자 어둑한 길을 걸으며 지나온 시간을 되돌아보았다. 한계를 깨는 도전을 하며 나를 알아가고, 이토록 많이 성장할 수 있었던 것은 삶이라는 시간이 주어진 덕분이었다. 5년 전의 나는 어리숙하고 연약했지만, 시간이 흐르며 많은 일을 겪고 성숙해졌다. 앞으로도 꿈을 이루는 과정에서 예상치 못한 일을 겪더라도, 그 순간마다 자신답게 잘 헤쳐 나갈 수 있을 것이라는 희망이 생겼다. 나는 별빛을 따라 걸으며 5년 후의 나를 떠올려 보았다. 밤이 깊고 어둑하여 앞은 보이지 않았지만, 앞으로의 밝은 미래를 상상하니 좀처럼 두렵거나 무섭지 않았다. 또한 사람은 과거에 좌우되는 존재가 아니다. 다양한 도전을 하며 가장 크게 느낀 것은 단지 원하는 미래를 구체적으로 그리며, 그것을 향해 끊임없이 나아가는 사람은 과거와는 비교할 수 없을 정도로 큰 성장을 이룰 수 있다는 것이다. "당신의 인생은 당신 스스로 창조하는 것이다."라는 명언처럼, 5년 전 내가 꿈꿔왔던 미래는 어느새 나의 현실이 되었고, 앞으로 내가 그리는 미래의 모습 역시 나의 상상대로 이뤄질 것이라는 확신이 생겼다.

만약 삶이 흰 도화지라면, 우리는 모두 마음껏 그 도화지에 그림을 그리는 예술가이다. 최고의 나를 이끌어내기 위한 방법은 스스로 삶을 변화시키는 주체가 되어, 원하는 미래를 만들어나가는 것이라는 사실을 기억하자.

5년 후, 꿈꾸는 나를 만나다! 완벽한 나의 하루를 상상하기 위한 가이드

꿈은 이루어진다. 10년 동안 적어온 107가지의 버킷리스트가 모두 현실이 된 지금, 뼈저리게 깨달은 사실이 있다. 꿈은 결국 포기만 하지 않는다면, 가장 적절한 시기에, 가장 좋은 방법으로 생각한 것보다 더욱 크게 이루어진다는 것이었다. 우리는 모두 원하는 꿈을 이룰 수 있는 힘을 가지고 있다. 그러나 힘을 어떻게 이끌어내느냐는 온전히 나 자신의 몫이다. 이제, 당신의 꿈을 통해 당신의 가능성을 발휘하며 살자. 우리는 이제 이루어진 5년 후의 모습을 상상해볼 것이다. 이 과정은 당신이 꿈과 희망을 가지고 현재를 살아갈 수 있도록 당신을 도울 수 있다.

1. 먼저, 5년 후 당신이 가장 이루고 싶은 목표를 떠올려보자. 이

것은 당신의 삶에 긍정적인 변화를 가져올 수 있는 것이어야 한다. 예를 들어, 그동안 꿈에 그리던 직업을 얻어 원하던 성공을 이루거나, 놓쳐온 건강을 회복하는 것 등이 될 수 있다. 그리고 이 목표가 완벽히 실현된 하루의 일상을 떠올려보는 것이다. 먼저 아침은 하루의 시작을 알리는 중요한 시간이다. 5년 후 이상적인 모습을 이룬 당신은 몇 시에 일어나고 있는가? 일어나자마자 느끼는 기분도 상상해보자. 상쾌함과 기대감, 설렘 혹은 평온함이 될 수 있다. 그리고 당신은 어떠한 아침 루틴을 가지고 있는지 관찰해볼 수 있다. 어떤 동선으로 움직이고 있는가? 예를 들어 명상이나 운동, 독서 등으로 하루를 시작하는가? 그 모습을 충분히 음미하며, 구체적으로 떠올려보자.

2. 당신의 아침 식사 시간은 어떤 모습인지 살펴보자. 당신은 무엇을 먹고 있는가? 아침을 즐기는 그 장소는 어디인가? 집의 아름다운 테라스, 조용한 카페 등이 될 수 있다. 당신은 그곳의 평안하고 만족스러운 분위기를 생생하게 느껴볼 수 있다. 이때 당신은 어떤 생각을 하고 있는가? 긍정적인 생각이 흘러나오는 그 순간의 당신을 느껴보자.

3. 기분 좋은 아침 시간을 마친 후, 이제 당신은 일과를 시작하고 있다. 당신은 지금 어떤 일을 하고 있는가? 어떠한 목표를 갖고, 어떤 일정을 보내게 되는지 당신의 꿈이 이뤄진 이상적인 일상을 그려보자. 예를 들어, 오랜 시간 준비해온 프로젝트 발표, 중요한 시험, 혹은 특별한 만남 등이 될 수 있다.

4. 또한, 그 목표를 이루기 위해 당신이 어떤 노력을 하고 있는지 들여다보자. 그리고 곧 꿈에 그리던 그 일이 일어나는 순간의 기분까지 생생히 느껴볼 수 있다. 주변의 소리와 분위기는 어떠한가? 다른 사람들의 반응은 어떠한가? 오랫동안 생각해온 그 일이 이뤄지는 감동과 성취감 행복감이 당신의 마음을 가득 채우는 것을 충분히 느껴보자.

5. 당신은 아주 멋지게! 그 일을 잘 해냈다. 만족스럽고 가벼운 기분으로 곧 당신을 진심으로 아끼는, 소중한 이들과의 간단한 축하 파티가 있다. 그 순간 당신 곁에는 어떤 사람이 있는가? 당신은 무엇을 하고 있는가? 함께 저녁을 먹고 있다면 그 장소와 분위기 나누는 대화에 심취해보자. 당신의 가족이나 친구와의 소중한 시간을 보내며, 느끼는 긍정적인 기분을 생생히 느껴보자.

6. 하루 일과를 즐겁게 마무리하고 당신은 집에 돌아왔다. 샤워를 시원하게 한 뒤 상쾌한 기분으로, 당신은 편안한 소파에 누워있다. 그리고 눈을 감고, 오늘 하루를 되돌아보며 흐뭇한 미소를 짓는다. 지금 당신의 머릿속에는 하루 중 가장 인상 깊었던 순간이 스쳐 지나가고 있다. 그 장면은 언제인가? 꿈이 이뤄진 하이라이트의 순간인가? 그 일을 시작하기 바로 전, 온 집중을 그 일을 준비하던 순간인가? 당신의 행복을 함께 축하해주던 사람들과의 시간인가? 혹은 아침에 설레는 감정을 느끼며, 일을 준비하는 시간인가? 또는 가벼운 마음으로 하루를 돌아보는 지금 이 순간인가? 어떤 순간이든 모두 옳

다. 당신은 그 순간 속에 푹 빠져 기분 좋은 감정을 다시 한번 음미해볼 수 있다. 당신은 행복한 미소를 지으며 오늘의 경험에 감사하고 있다. 또한, 앞으로 당신이 할 수 있는 일에 대해 긍정적인 기대감을 가지며, 스스로를 응원할 수 있다. 오늘 당신의 이상적인 하루가 앞으로 더욱 자신다운 길로 나아갈 수 있는 큰 힘이 될 것이다.

7. 마지막으로, 쇼파에 누워있던 당신은 5년 전 과거의(이 글을 읽고 있는) 당신에게 어떤 말을 건네고 싶을까? 예를 들어 "힘든 순간이 오더라도 포기하지 말고 계속 나아가 결국 넌 너의 꿈을 이뤄낼 거야.", "긍정적인 태도를 유지하며, 자신을 믿어야 해." 등과 같은 말을 해줄 수도 있다. 전보다 더욱 성숙하고, 성장한 당신은 이 글을 읽는 당신을 위해 따뜻한 조언과 사랑이 담긴 응원을 해줄 수 있다. 그 이야기를 잠시 귀 기울여 들어보자. 미래의 발전한 내가 가진 생각과 넓은 마음으로 현재의 삶을 바라보면 이전에는 발견하지 못한 기회들을 볼 수 있다.

"당신이 할 수 있다고 믿는다면, 당신은 이미 반은 이룬 것이다."라는 시어도어 루스벨트의 명언처럼, 이 책을 끈기 있게 읽으며 자신에 대해 알아가고, 스스로 해낼 수 있다는 믿음을 키워온 당신은 이미 변화할 준비를 마쳤다.

지금껏 살아온 삶은 인생의 전환점이 될 지금 이 순간을 위한 것이었다. 변화의 시작은 언제나 지금 이 순간이며, 당신의 자신의 미래를 밝히는 등불이 될 것이다. 5년 후, 당신이 상상한 그

하루가 현실이 되었을 때, 당신은 결국 이렇게 말할 것이다.

"나는 포기하지 않았고, 결국 나의 꿈을 이루었다!"

그러니 꿈꾸는 것을 두려워하지 말고, 그 꿈을 현실로 만들어가는 여정을 즐기길 바란다. 당신의 삶은 당신의 손에 달려 있다. 내가 하는 매일의 작은 선택이 모여, 커다란 변화를 만들어 낸다는 사실을 반드시 기억하자. 우리는 모두 세상에 단 하나뿐인 스토리를 써나가는 훌륭한 주인공이다!

북큐레이션 • 마인드셋 전환으로 당신의 삶을 혁명적으로 바꿔줄 라온북의 책

《나는 날마다 최고의 나를 만난다》와 함께 읽으면 좋을 책. 사고의 패러다임을 혁신해 남보다 한 발 앞서 미래를 준비하는 사람이 주인공이 됩니다.

직장인이
직업인으로
살아가는 방법

인생 리셋

김형중 지음 | 19,500원

호모 헌드레드 시대, 당신의 인생 2막을 준비하라
창직의 시대, 나의 가치 밸류 업 노하우!

이제 대한민국은 저성장 시대로 접어들었다. 저성장이 가져다주는 신호는 우리에게 분명하다. 직장인으로서 나의 여건을 냉철하게 재점검하고, 내 인생의 포트폴리오를 만들어가야 한다. 퇴직 이후의 시간은 너무나도 길다. 현재 나의 직장생활만을 안위하면서 살아가는 것은 너무나도 안타까운 일이다. 우리의 삶을 건강하고, 가치 있고, 지속가능하게 가져가야 할 것이다. 이를 위해 이 책 《인생 리셋》이 당신의 삶에 시금석이 되어 줄 것이다. 은퇴라는 강줄기의 끝에는 새로운 미래가 자리잡고 있다. 《인생 리셋》을 통해 당신의 더 큰 미래를 열어보자!

퇴직 전
30억 만들기
프로젝트

직장인 불로소득

홍주하 지음 | 19,800원

《직장인 불로소득》으로 퇴직 전 30억 만들기,
투기가 아닌, 투자를 하면 얼마든지 가능하다

이 책 《직장인 불로소득》은 부동산, 미국 주식 ETF 등 다양한 재테크 방법을 안내하고 있다. 그리고 이렇게 투자한 시간으로 얻은 불로소득은 직장에서 온종일 일하며 번 월급보다 더 많은 소득을 벌어줄 것이다. 직장에서 받는 월급은 내가 노력하는 만큼 보상을 해주지 않는다. 하지만 불로소득은 다행히 내가 노력한 만큼 소득을 가져다 줄 것이다. 또한, 시간이 갈수록 복리 그래프를 그리며 당신의 자산을 두둑이 불려줄 것이다.

명심하라. 퇴직 전 30억 만들기를 할 수 있느냐, 아니냐는 당신의 선택에 달려 있다. 시작도 하기 전에 스스로 한계를 긋지 말기 바란다. 이 책 《직장인 불로소득》은 독자들을 통해 여유롭고 풍요로운 노후로 이끌어 줄 것이다.

초필사력

이광호 지음 | 19,500원

**읽고 적고 생각하고 실천하라!
필사의 기적이 당신의 삶에 또다른 문을 열어줄 것이다!**

필사는 행동력을 높여준다. 필사 노트에는 책 내용뿐만 아니라 생각, 감정, 지식, 계획…, 머릿속에 일어나는 중요한 아이디어를 모두 담을 수 있다. 자극받았을 때 바로 행동할 수 있도록 노트에 실행 계획을 바로 세울 수도 있다. 필사할수록 기록이 생활화된다. 기록은 기획, 실행, 성과, 수정에 이르기까지 모든 행동을 눈으로 확인할 수 있게 해준다. 나를 측정하고 개선을 돕는다. 그래서 필사는 기록하는 습관을 통해 실천력을 키워준다. 누구나 행동하면 자기 이름으로 살아갈 수 있는 시대다. 당신이 어디에서 무엇을 하든 어제는 운명이고, 내일은 선택이며, 오늘은 기회라는 것을 기억했으면 좋겠다. 기회가 왔다. 자, 이제 필사의 세계로 함께 떠나보자.

연봉을 2배로
만드는
기적의 노하우

파워 루틴핏

정세연 지음 | 19,500원

**파워루틴이 당신의 삶에
변화와 행복의 실행력을 불어넣을 것이다!**

파워 루틴은 일상 속의 공식이자 실제적인 액션플랜이다. 루틴으로 탄탄해진 일상은 실력이 되고 성과로 나타난다. 남들과는 다른 탁월함이 되어준다. 일을 할 때도, 돈을 모을 때도, 건강을 챙길 때도 루틴 공식은 필요하다.
이 책은 공기업에서 17년 차 여자 차장으로 쌓아온 정세연 저자의 내공과 지혜, 경험을 온전히 녹여냈다. 행복해지고 싶고, 이제는 좀 달라지고 싶지만, 어디서부터 어떻게 시작해야 할지 모르겠다면, 파워 루틴핏으로 오늘이라는 계단을 올라보길 바란다. 한 번에 한 계단씩 천천히 행복하게 오를 수 있도록 파워 루틴 코치인 저자가 도와줄 것이다. 일상 속 사소하지만 중요한 고민들의 해답을 얻길 바라며, 이제 함께 파워 루틴핏을 시작해보자.

핵개인 시대를
주도하는 당신의
하이퍼 퍼스낼리티
강화 전략